Invierte en ti

Vivir Mejor

Natalia de Santiago

Invierte en ti

Cómo organizar tu economía en 11 pasos para vivir mejor

Planeta

PEFC Certificado

Este libro procede de bosques gestionados de forma sostenible

PEFC

PEFC/14-38-00305 www.pefc.es

Avda. Diagonal, 662-664, 08034 Barcelona (España)
www.planetadelibros.com

Diseño de la cubierta: Booket / Área Editorial Grupo Planeta
Ilustración de la cubierta: Shutterstock
Primera edición en Colección Booket: abril de 2022
Primera edición en esta presentación: julio de 2025

Depósito legal: B. 11.667-2025
ISBN: 978-84-08-30597-2
Impreso en España

Biografía

Natalia de Santiago es una escritora, divulgadora y emprendedora española empeñada en hacer la educación financiera más accesible, más eficiente, más relevante, más inclusiva y —por qué no— más divertida. Ingeniera de formación y financiera por vocación, está especializada en el impacto económico del cambio climático. Ha trabajado siempre en finanzas, en París, Madrid y Múnich, y en 2009 cofundó MyValue Solutions, una empresa pionera en el diseño de tecnologías *open banking* que en 2021 fue adquirida por un grupo alemán. Ahora está liada desarrollando la primera plataforma inteligente de bienestar financiero con su nueva *start-up*. Por lo demás, vive escondida en los Alpes con su marido y sus cinco hijas —han leído bien: cinco, niñas, todas—, pasa más tiempo en Instagram del que debería y es la autora de los libros *Invierte en ti*, *Invierte con poco*, *Emprende en positivo* y de la saga infantil *MONEY Academy*, que han conseguido acercar el mundo de la economía y las finanzas a miles de lectores.

@natdesantiago

Para mi padre,
por enseñarme lo poco que sé.

ÍNDICE

Antes de hablar, escucha.
Antes de escribir, piensa.
Antes de gastar, gana.
Antes de invertir, investiga.
Antes de criticar, espera.
Antes de pedir, perdona.
Antes de rendirte, prueba.
Antes de retirarte, ahorra.
Antes de morir, da.

WILLIAM A. WARD

Introducción. 11 pasos, ¿para qué?

Seguro que habéis vivido alguna escena parecida a la que me dispongo a narraros. Pongamos que hemos cogido unos kilitos durante el invierno y que en primavera, viendo que el verano se acerca peligrosamente, queremos poner el cuerpo a tono para enfrentarnos al temido *momento bañador*. Armados de buenos propósitos, nos encomendamos al señor Google para que nos indique el camino más corto e indoloro hacia un cuerpo sin lorzas. Después de brujulear un poco, puede que nos compremos un libro tipo *El cuerpo 10 en 10 días*, que nos descarguemos una aplicación de la cuerda iHealthyFitDeLaMuerte o que nos pongamos a las órdenes de algún gurú del *kale*. Lo mismo me da que me da lo mismo. Lo más probable es que nos encontremos con una ristra interminable de consejos: mastica la comida 1.732.000 veces antes de tragar, come solo cosas verdes con nombre asiático y olor nauseabundo, o los hidratos hay que comerlos en días de luna llena cuando el búho pardo ulule al pie de tu ventana.

Todo esto está muy bien y, probablemente, le funcione a la tipa estupenda de los glúteos turgentes y los dientes blanco nuclear que te lo está vendiendo en Instagram. Pero la realidad, por lo menos la mía, suele ser un poco más prosaica. Para empezar, porque en el supermercado de mi barrio no venden las raíces del árbol centenario que te deja la piel como el trasero de un mandril y, para seguir, porque cuando me levanto al alba es para preparar mochilas y dar desayunos, y por las noches estoy tan cansada que me cuesta hasta pestañear, no digamos ya hacer dos horas de *hatha yoga* mientras medito por la paz mundial cuando lo que me pide el cuerpo es asesinar a mi prole porque han dejado el baño hecho un cisco. Pero, sobre todo, porque yo, como casi todos los mortales, lo que tengo es hambre. Mucha. Y a todas horas. Un hambre que solo se calma con chorizo, unas aceitunas con hueso y tres *gin-tonics*.

Con los consejos financieros pasa un poco lo mismo. Quién no tiene un cuñado listillo que se ha forrado con los dichosos bitcoines o un compañero de oficina que sabe exactamente dónde tienes que invertir, porque tener los ahorros en el banco es tirar el dinero. O peor, una amiga que se teje la ropa sola con lana de llama virgen, se trae el café de casa en una botella de bambú reciclable y no se gasta un euro en pipas ni muerta. Por no mentar los manuales para trabajar cuatro horas al quinquenio y forrarse, o las fórmulas magistrales para retirarse antes de los treinta.

Insisto, todos los consejos están muy bien y, seguramente, a ese chaval de 20 años que vive pegado a la pantalla en casa de sus padres, sin gastar ni un euro en desodorante para invertir hasta el último céntimo en criptomonedas, le funcionen.

¿Pero qué pasa con los que no somos tan jóvenes ni tan flexibles ni sabemos programar en *blockchain*? ¿Qué hay de los que tenemos hipoteca, un trabajo del montón, hijos o unas caderas que piden a gritos vaqueros caros? ¿Qué pasa, en definitiva, con la gente real, la de carne y hueso, la que tiene que sudar la camiseta para llegar a fin de mes? ¿Estamos condenados a morir pobres, solos y gordos?

Se habla mucho sobre la falta de formación financiera y se hacen planes, con presupuestos millonarios, para educar a las masas y sacarnos, si no de pobres, por lo menos de nuestra ignorancia. Pero, en mi opinión, esto del dinero es más un problema de *marketing* o, si me apuran, de llamar a las cosas por su nombre. No es lo mismo —aunque lo sea— decirle a alguien que se apriete el cinturón que decirle que monitorice sus flujos de caja o, mejor todavía, sus *cashflows*. No hay color.

La realidad es que ni lo nuestro es tan aburrido como lo pintan ni lo de ellos tan milagroso como nos lo venden y que, si llamáramos a cada cosa por su nombre, sin anglicismos desconcertantes, todos seríamos capaces de entender perfectamente lo que hacen los señores repeinados en sus despachos de Wall Street.

Y eso precisamente quiere ser este libro: una guía práctica para gestionar tu economía lo mejor posible. Desde lo más simple hasta lo más complejo, sin necesidad de tener ningún conocimiento previo ni de ser un genio de las matemáticas, este libro te enseñará cómo organizarte en 11 pasos para sacarle más partido a tu dinero.

Sin milagros, falsas promesas ni grandes palabros, este humilde manual pretende simplemente poner al alcance del común de los mortales el conocimiento y los instrumentos necesarios para poder vivir mejor y más tranquilos. Que no es poco. Por desgracia, las crisis y los imprevistos tienen la mala costumbre de repetirse. Cuanto más preparados estemos para el siguiente envite, mejor.

¿Y quién soy yo para dar consejos? Ni soy millonaria ni muy previsiblemente vaya a retirarme antes de que me obliguen, mucho menos en una isla privada como me gustaría. Pero llevo muchos años dedicándome a esto de la planificación y el análisis financiero, tanto para multinacionales e inversores institucionales como para ciudadanos de a pie, y digamos que la teoría me la sé.

En cuanto a la práctica, con cinco hijas que comen como limas y un marido que se cree que mientras el cajero te dé billetes todo va bien, lo de que «me sobre mucho mes al final del dinero» lo domino.

Si cuando cerréis este libro os quedáis con la sensación de que, en realidad, ya lo sabíais todo «porque es de cajón», significa que he hecho bien mi trabajo y que...

- Manejáis con soltura las herramientas básicas para planificar vuestra economía.
- Sabéis cuál es vuestro poderío financiero y cómo mejorarlo.
- Habéis aprendido a ahorrar como los ricos.
- Podéis hablarle de tú a tú al banco y evaluar cualquier producto financiero para que no os den gato por liebre.
- No os da miedo ni alquilar ni comprar y sabéis cuál es la mejor opción para vosotros.
- Sois capaces de endeudaros con criterio.
- Estáis preparados para capear cualquier crisis.
- Vais a poder vivir tranquilos el día que os jubiléis.
- Estáis invirtiendo sin prisa, pero sin pausa, en vuestro futuro.
- Podéis tomar decisiones cabales de inversión y medir los riesgos que estáis dispuestos a asumir.
- No les vais a dejar ningún marrón a vuestros hijos.

Y todo en 11 pasos, una ganga.

1
Dime en qué gastas y te diré quién eres

En esto de la economía y las finanzas, como en casi todo en esta vida perra, conviene empezar por el principio. Y lo primero, en este caso, es saber en qué nos gastamos el dinero. No hay más vuelta de hoja. Parece fácil —y lo es—, pero, sorprendentemente, muy poca gente aprobaría primero de finanzas personales: tener un presupuesto.

En contra de lo que podamos pensar, el objetivo de un presupuesto no es pedirle cuentas al pasado, ni flagelarse por aquel mes en que te dio ansiedad y te forraste a Fritos Barbacoa —decidme que siguen existiendo, por piedad—. No, el objetivo de un presupuesto es entender cómo y adónde se nos va el dinero, y ayudarnos a prever el futuro para tomar decisiones más informadas.

Además, esto de las finanzas no es talla única. Lo importante es que los gastos se adapten a los gustos, la personalidad y el estilo de vida de cada uno. Mientras nos permita vivir como queremos, da igual si decidimos gastarnos los cuartos en caniches de pelo rizado o ahorrar hasta el último céntimo para que nuestros tataranietos puedan vivir del cuento.

CÓMO HACER UN PRESUPUESTO Y NO MORIR EN EL INTENTO

Esto de llevar las cuentas depende mucho del talante de cada uno. Si por el padre de mis criaturas fuera, nos pasaríamos toda la vida esperando a que se multipliquen los peces para ajustarse a la vidorra que nos gustaría pegarnos. Yo, que soy de corte más cenizo y tengo alma de contable, me dedico a apuntarlo todo, con pelos y señales, y a prever todo tipo de catástrofes que, por suerte, no suelen llegar a pasar.

En cualquier caso, el quid de un presupuesto no es acabar con una lista pormenorizada de «pipas: 30 céntimos» y «esmalte de uñas: 2,36 euros» (me vais a perdonar, pero no tengo ni pajolera idea de lo que cuesta el esmalte de uñas). **Lo importante, en contra de lo que pueda parecer, es clasificar bien los gastos, porque para poder analizar y sacar conclusiones útiles, primero hay que ordenarlos con un poco de criterio —lo que viene siendo la base del trabajo de todos los analistas financieros del planeta.**

Pero, tranquilos, para hacer un presupuesto decente no hace falta ser Einstein ni trabajar en Goldman Sachs. Da igual si somos de papel y lápiz o de *app* para el móvil, para hacer un presupuesto digno basta con seguir estos pasos:

EL PLAZO NATURAL DE UN PRESUPUESTO ES ANUAL...

Pero eso no es excusa para no ponerse porque estamos en mayo. Con que cubra los doce meses siguientes, vale. Cualquier momento es bueno para empezar.

... PERO LA UNIDAD DEL PRESUPUESTO ES EL MES

Que uno es un poco agonías y prefiere actualizar semanal, incluso diariamente, allá cada cual con sus taras. Pero, si vamos holgados, con cuadrarlo una vez al mes es suficiente. Así, entre nosotros, en épocas apretadas, he llegado a actualizarlo a la hora, pero cuando las vacas andan más orondas, suelo hacerlo una vez a la semana: los viernes. Básicamente, porque a mí que me cuadren las cuentas me da subidón y, además, hacerlo una vez a la semana me lleva cinco minutos y no la hora que me llevaría si lo hiciera una vez al mes.

CLASIFICA CON CRITERIO

Lo primero que hay que hacer es decidir qué categorías vamos a utilizar. A mucha gente le gusta organizar por la naturaleza de los gastos: seguros, suministros, impuestos…, y así hasta el infinito. Yo prefiero poner juntas las cosas que van juntas. Es decir, pongo en «Casa» (o «Vivienda», si os gusta ser más formales) el alquiler, el IBI, el seguro del hogar, la electricidad y todos los gastos que van asociados a esa casa, porque, muchas veces, para cambiar uno hay que cambiar los otros, y porque, organizados así, nos dan una idea de lo que nos cuesta nuestro estilo de vida. Como vivimos de alquiler, nuestra lista no es muy larga:

- **Alquiler.** Si, en lugar de alquilada, la casa fuera comprada, pondríamos aquí la cuota de la hipoteca y tendríamos que añadir los gastos de comunidad y las tasas e impuestos que paga nuestro casero.
- **Calefacción,** o lo que en Alemania viene siendo un ojo de la cara.
- **Electricidad.**
- **Alarma,** por si hay algún ladrón de guante blanco leyendo este libro.
- **Seguro.**
- **Equipamiento.** En esta categoría incluyo todo, desde muebles hasta la batidora cuando toca reponerla.

- **Mantenimiento y reparaciones.** Muchos de estos gastos también los cubre el casero, pero siempre hay un baño atascado o un enchufe por arreglar. Si vuestra casa es en propiedad, en esta categoría hay que prever más gastos.

Si tuviera dos casas, pondría «Casa 1» y «Casa 2», y debajo de cada una los gastos correspondientes. ¿Por qué? Porque si me vienen mal dadas y tengo que pensar qué gastos puedo cortar, podré evaluar mejor cómo y de dónde, o incluso, llegado el caso, decidir cambiar de casa. Esto, además, es útil para detectar duplicados. Os sorprendería saber la cantidad de gente que tiene más de un seguro del hogar sin saberlo.

LA REGLA DE ORO

Lo importante es que cada uno se sienta cómodo con las categorías que elija para que se ajusten a su estilo de vida.

Pero, para que no digáis, aquí os dejo las que yo utilizo:

- **Trabajo.** Lo llamo «Trabajo» porque no me gusta andarme con chiquitas, pero si sois más finos y preferís llamarlo «Ingresos» tampoco me opongo. Lo importante es darse cuenta de que en esta categoría entran tanto los ingresos como los gastos relacionados con nuestro trabajo. Si trabajamos por cuenta ajena, es posible que no sean muchos, pero para los autónomos y pequeños empresarios, la cosa puede complicarse bastante.
- **Casa.** Lo mismo, «Vivienda» para los que os guste peinaros con raya. Como hemos visto, incluye todos los gastos (o ingresos si, por ejemplo, alquilamos una habitación) relacionados con esa casa.

- **Comunicaciones y tecnología.** Años ha, lo del wifi y la televisión por cable lo ponía como una subcategoría de «Casa», pero el móvil y sus aledaños se han vuelto una parte tan importante de nuestra vida que se han ganado a pulso una categoría para ellos solos. Ojo, si eres autónomo y se trata del ordenador que utilizas para el trabajo, lo pondría, valga la redundancia, en «Trabajo» y no aquí. Particularidades aparte, la cosa quedaría más o menos como sigue:

  — **Contratos.** ADSL, teléfono fijo, móviles, televisión por cable…

  — **Equipamiento.** Móviles, ordenadores, tabletas, impresoras y otros aparatos del demonio.

  — **Aplicaciones y suscripciones.** Netflix, Spotify, la que te cuenta las calorías y cualquiera de esas aplicaciones que nos bajamos para no utilizar nunca.

  — **Mantenimiento y reparaciones.** No falla, en esta casa hay que reponer una pantalla de móvil por lo menos una vez cada seis meses.

- **Comida,** alimentación, cosas para echarse al buche… Creo que nos entendemos. Aunque os diré que, como soy muy mía, las salidas a restaurantes en fin de semana las clasifico como «Ocio» y no como «Comida». Sin embargo, cuando el padre de mis criaturas va a la oficina y se come un kebab, lo pongo aquí. Lo dejo en vuestras manos.

- **Salud.** En esta categoría irían los seguros médicos, las consultas, los tratamientos y los gastos de farmacia o copagos. En definitiva, todo lo que nos mantiene operativos y con vida tiene cabida aquí. Personalmente, no incluyo tratamientos de belleza, cremas y cosas así. Para mi gusto, eso iría en gastos personales, pero allá cada uno.

- **Transporte.** Lo llamo así porque soy optimista por naturaleza, pero «Pozo sin fondo» se ajustaría mejor a la rabia que me da toda la pasta que chupan nuestros coches. Lo importante es meter aquí todos los gastos relacionados con el transporte para darnos cuenta de lo que podríamos ahorrar si fuéramos en transporte público al trabajo en lugar de en coche, no digamos ya en bici o andando.

- **Educación.** Aquí irían el colegio, el autobús de ruta, los libros de texto, esas clases extras de inglés que te están costando un ojo de la cara y la remesa mensual de gomas de borrar y ceras pastel.
- **Finanzas.** Esta categoría tiene mucha guasa y dice mucho de la sofisticación financiera de cada uno. Mientras que para algunos solo habrá comisiones e impuestos, otros pueden tener ganancias muy importantes de dividendos, intereses y revalorizaciones de su cartera de inversiones. En esta categoría también incluyo las donaciones, las renovaciones de documentos como el DNI o el certificado digital, mis escarceos con Hacienda y los seguros de vida y de accidentes, los planes de pensiones, etcétera. Lo ideal es que esta categoría pase de ser un gasto a ser una fuente de ingresos, pero ya entraremos en materia cuando toque.
- **Personal.** También llamada «Quién pudiera tener cocinero», engloba cualquier gasto en ayuda doméstica, canguros y toda esa gente que nos hace la vida más fácil, incluyendo, cómo no, las cotizaciones a la Seguridad Social y cualquier otro gasto que cubramos como, por ejemplo, el transporte.
- **Animales de compañía.** Porque qué es la vida sin un perro que te caliente las pantuflas. La nuestra se llama Emma y la verdad es que, para todo lo que nos da, nos cuesta bien poquito, pero en según qué casos puede representar un gasto importante.

- **Ropa,** o dime de quién vistes y te diré cuánto gastas. Los gastos de tintorería y arreglos también los meto aquí.
- **Ocio.** En esta categoría pondríamos todo eso que significa pasarlo bien, incluyendo los deportes —que a mí me parecen un suplicio, pero parece ser que hay gente a la que le gustan—, viajes, actividades culturales, salidas de copas, cines, teatros, conciertos, partidos de fútbol… Si la cosa va bien, la lista será larga.
- **Gastos personales.** Esta última categoría está destinada a todos aquellos gastos que nos hacen quienes somos, todas esas rarezas exclusivas de cada uno que nos definen. En mi caso, por ejemplo, gasto tanto dinero en libros que ponerlo en ocio lo desvirtuaría porque, para mí, es mucho más que ocio. De la misma manera, mi marido se deja un pastizal en vino que desde luego no se puede llamar «Alimentación». También entrarían aquí esas cosas un poco misceláneas, como tratamientos de belleza, juguetes, regalos y celebraciones, cromos o colecciones de bonsáis.
- **Ahorro.** Como ya se sabe que los últimos serán los primeros, esta es la categoría más importante de nuestro presupuesto.

DESGLOSA AL MÁXIMO

Aunque al final lo que queremos es tener nuestros gastos agrupados en esas grandes categorías —o las que mejor se ajusten a nuestros gustos y preferencias—, si nos pusiéramos a pensar cuánto vamos a gastar en cada una de ellas, lo normal es que se nos olviden la mitad de los gastos, o que no sepamos ni por dónde empezar. El secreto para hacer un presupuesto que se ajuste a la realidad y nos sea útil es desglosar esas categorías al máximo de manera que, al final, sepamos exactamente a qué nos estamos refiriendo.

EL TRUCO DEL ALMENDRUCO

Cuanto más desglosemos, más fácil es que no se nos olvide nada. Por ejemplo, los gastos del coche yo los clasifico así para no dejarme nada en el tintero:

- **Gasolina.**
- **Parking.**
- **Lavado:** esta categoría la pongo para quedar bien, el coche lo llevamos guarro tirando a radiactivo.
- **Revisiones y mantenimiento.**
- **Seguro.**
- **Cuota:** como uno de los coches es un leasing, lo pongo aquí. También pondría aquí la cuota del préstamo, el renting o el alquiler.
- **Equipamiento:** aquí incluyo cuando toca cambiar ruedas, etcétera.
- **Impuestos:** para que no me pillen por sorpresa, los cuatrocientos euros que hay que apoquinar cada año los apunto en el mes que toca para cada coche.
- **Multas:** por suerte o por desgracia, de tres o cuatro al año no bajamos ni queriendo, así que, como ya lo sé, lo meto en el presupuesto.

PLANIFICA CADA GASTO

Una vez que tenemos todas las categorías, tanto de ingresos como de gastos, viene lo importante: rellenarlo, poniendo en cada categoría lo que pensamos que vamos a ingresar o gastar cada mes. No nos volvamos locos, si los Gobiernos nunca aciertan, tampoco hay que pedirle peras al olmo. Lo importante es ser realista y conocerse un poco. Yo, por ejemplo, tiendo a pensar que a partir del lunes que viene —siempre el que viene— voy a ser más alta, más guapa, más comedida y, sobre todo, voy a tener menos hambre. Siento tener que ser yo la que lo diga, pero, previsiblemente, el lunes vas a tener la misma hambre, vas a estar igual de enganchada a los *frappuccinos* y vas a seguir siendo igual de manirrota que el jueves pasado.

LA REGLA DE ORO

Para planificar nuestros gastos, nuestra mejor guía es el pasado.

Ante la duda, pensemos que este año no será tan diferente al anterior.

Hay gastos que no se repiten todos los meses, basta con ponerlos en los meses que toquen o, si no lo tenemos claro, en un mes cualquiera y ya iremos actualizando. Para que os hagáis una idea, este podría ser nuestro presupuesto para educación de este año:

	Material escolar	Apps y suscripciones	Cuota colegio	Viajes y excursiones	Educación
Ene	-20,00 €		-78,00 €		**-98,00 €**
Feb	-20,00 €		-78,00 €		**-98,00 €**
Mar	-20,00 €	-77,00 €	-78,00 €	-350,00 €	**-525,00 €**
Abr	-20,00 €		-78,00 €		**-98,00 €**
May	-20,00 €		-78,00 €	-200,00 €	**-298,00 €**
Jun	-20,00 €		-78,00 €		**-98,00 €**
Jul	-20,00 €		-78,00 €	-100,00 €	**-198,00 €**
Ago	-20,00 €		-78,00 €		**-98,00 €**
Sep	-300,00 €		-98,00 €		**-398,00 €**
Oct	-20,00 €		-98,00 €		**-118,00 €**
Nov	-20,00 €		-98,00 €		**-118,00 €**
Dic	-20,00 €		-98,00 €		**-118,00 €**
Total	-520,00 €	-77,00 €	-1.016,00 €	-650,00 €	**-2.263,00 €**

Como veis, en material escolar, aunque hay un mínimo mensual de típex, lápices y reglas del que no me libro, lo gordo viene en septiembre, cuando los profesores nos mandan sus listas de cuadernos con todo el elenco de márgenes e interlineados, y ceras pastel en colores que no sabías que existían. En marzo toca renovar la suscripción de una aplicación que utilizan mis hijas para estudiar; en septiembre, la mensualidad se incrementa porque la tercera pasa al colegio de mayores, a la segunda le tocaba viaje de intercambio en marzo, y a la mayor, en mayo; y en julio, que aquí todavía hay colegio, pero están ya todos a ritmo caribeño, siempre hay más excursiones y festividades varias.

LA CUADRATURA DEL CÍRCULO

Un presupuesto no está acabado hasta que no suma cero. ¿Cómo que cero?, pensaréis. Pues sí, cero. Me explico, una vez que tenemos todos los ingresos y todos los gastos en fila india, la diferencia es lo que llamamos *ahorro*. Esta categoría es muy importante: si nos sale positiva, es decir, si nuestros ingresos son mayores que nuestros gastos, significa que ese mes o ese año vamos a ahorrar; pero si sale negativa significa que o recortamos gastos, o vamos a tener que tirar de ahorros o de algún santo milagrero. Cuando calculemos el ahorro, tendremos ya una idea bastante aproximada de lo ajustado que es nuestro presupuesto.

LA FÓRMULA MAESTRA

Ingresos – gastos – ahorro = 0

No os voy a engañar. A principios de este año, cuando me puse a darle al Excel, el ahorro me salía negativo, porque teníamos un viajazo planeado que se nos iba un poco de presupuesto (de viajar con cinco niñas y no arruinarse en el intento ya hablaremos otro día). He tenido que estar con el pico y con la pala para ponerlo en positivo, por los pelos. De todas formas, no pasa nada porque un año tiremos de ahorro, siempre y cuando sea para pagar algo excepcional, como una boda, un viaje o una reforma. El dinero está para gastarlo, pero si nos sale negativo en el día a día tenemos que empezar a plantearnos que algo hay que cambiar.

Es muy posible que la cantidad que podamos ahorrar cada mes no sea la misma —bendito aquel que consiga ahorrar en Navidades—. Puede haber incluso meses en los que los gastos superen a los ingresos. Por eso, es importante tener siempre un plan a un año vista, para asegurarnos de que cumplimos nuestros objetivos de ahorro.

EL NOBLE ARTE DE CUADRAR LAS CUENTAS

Una vez que tenemos el plan hecho, podemos empezar a hacer el seguimiento de nuestros gastos e ingresos para ir ajustando nuestro presupuesto según vayamos viendo cómo son en realidad las cosas y por dónde se nos van los cuartos. Como decíamos antes, esto hay que hacerlo por lo menos una vez al mes, pero yo os recomendaría una vez a la semana, para que os quite el mínimo tiempo posible. Cada vez que cerremos un mes, podemos alargar el presupuesto un mes por la cola, y así siempre tendremos un plan a un año vista, lo que nos dará un poco de margen para adaptarnos si la cosa se pone fea o —por qué no— si nos caen unos eurillos del cielo.

El presupuesto no es algo estático e inamovible. Lo suyo es ir refinando el plan a medida que vayamos conociendo mejor nuestros números reales. Lo importante es que el presupuesto cumpla los siguientes requisitos…

LAS CLAVES DE UN BUEN PRESUPUESTO

1 ES REAL

Es decir, se ajusta a nuestra vida y no a la de las Kardashian. No nos hagamos trampas al solitario.

2 SUMA CERO

Esta es la regla de oro. Nos pongamos como nos pongamos, dos y dos siempre tienen que ser cuatro. Aunque raro será el mes en que los gastos y los ingresos coincidan exactamente, la diferencia es el codiciado ahorro, otra categoría más de nuestro presupuesto.

3 NO HAY NINGÚN CAJÓN DE SASTRE

Nada de tener una categoría llamada «Otros» o «Varios» donde esconder los cabos sueltos. Es importante asignar una categoría a todos los gastos, porque es la única forma de planificar con un poco de criterio. Si se nos va el sueldo en coleccionables del quiosco, es bueno que lo sepamos. Llamemos a cada gasto por su nombre.

4 SOMOS TODOS LOS QUE ESTAMOS Y ESTAMOS TODOS LOS QUE SOMOS

Hay ciertos gastos que tienden a olvidarse:

- Los que se pagan **una vez al año:** el IBI, los seguros de cuota anual, la cuota de la asociación de antiguos alumnos, las visitas al dentista…
- Los **gastos estacionales:** vacaciones, puestas a punto y otras rutinas de temporada.
- Los que parecen **excepcionales,** pero tienden a repetirse cada año: regalos de cumpleaños, fiestas, reparaciones, gastos de mantenimiento…

- **Los gastos que preferimos olvidar** porque nos duele el bolsillo solo de pensarlo: la declaración de la renta, las revisiones del coche y otros sospechosos habituales.

5 LO PERFECTO ES ENEMIGO DE LO BUENO

Como en todo, se hace camino al andar. No nos volvamos locos intentando cuadrar al céntimo. Ya habrá tiempo para ir retocando y mejorando.

TRUCOS PARA UN PRESUPUESTO FETÉN

Porque siempre se puede hacer mejor. Si lo que queréis es convertiros en gurús de las finanzas personales, aquí os dejo unos trucos. Pero, aviso, la línea que separa la excelencia del trastorno obsesivo compulsivo es muy muy delgada.

AMORTIZAR COMO SI NO HUBIERA UN MAÑANA

Hay ciertas cosas, como los electrodomésticos o el coche, que van perdiendo valor gradualmente y que algún día habrá que reponer. Estas son las típicas cosas que nunca vienen bien y que, si nos pillan desprevenidos porque se *muere* el susodicho, pueden dar mucha lata. Lo que hacen las empresas y podemos hacer nosotros también es ir amortizando estos gastos en nuestro presupuesto. Es decir, crear una categoría para dedicar una parte de nuestro presupuesto mensual a ahorrar para reponer estos cacharros cuando toque. La ventaja de hacerlo así es que tenemos ese gasto en mente, con nombre y apellidos, y no nos vamos a gastar ese dinero tan alegremente en otra cosa, ni nos va a doler tanto cuando toque aflojar la pasta.

CON HACIENDA HEMOS TOPADO

Este es el caso clásico de mirar para otro lado. Porque, siendo realistas, Hacienda no se va a olvidar de nosotros. Así que yo, religiosamente, incluyo en mi presupuesto lo que creo que me va a salir en la declaración de ese año. En principio, asumo que va a ser parecida a la del año anterior, pero, si hay algo como la venta de una casa que pueda suponer un cambio grande, hago un cálculo por encima de lo que me va a costar la broma para que en junio no llegue la sangre al río. No os digo ya si sois autónomos o tenéis un pequeño negocio…, tener a la Hacienda pública presente es más importante todavía.

DERRAMAS Y OTRAS GOTERAS FINANCIERAS

Las derramas y ciertas reformas o reparaciones puñeteras son otros de esos gastos que nunca vienen bien, pero tienen la insidiosa costumbre de repetirse. Yo prefiero presupuestar una cierta cantidad y, si al final no se producen, esa alegría que me llevo.

CUMPLEAÑOS Y FIESTAS DE GUARDAR

Con cinco hijas, un gasto de esos que parecen calderilla, pero que acaban sumando, son los regalos y fiestas varias. Por no mentar la Navidad. Para mí, enero, más que una cuesta, es un K8. Por eso, a los cumpleaños que sé que van a venir, como los de mis hijas, les asigno una cantidad para regalos y celebraciones, y luego pongo una cantidad al mes para cumpleaños de otros y fiestas varias.

LA CALDERILLA Y OTROS AGUJEROS NEGROS

Ahora que se puede pagar hasta un chicle con tarjeta, lo normal es que no se nos pase nada digno de mención, pero, si somos de tomarnos tres *latte macchiato* de los de a seis euros por vaso de papel con tapa de plasticazo antes de llegar a la oficina, fumamos como una chimenea o salimos de copas a diario, quizá sea conveniente tenerlo en cuenta y presupuestarlo. Lo dicho, el pasado es nuestro mejor indicador para el futuro.

DIME DE DÓNDE VIENES...

No solo es importante saber cuánto dinero gastamos, también conviene saber de qué cuenta sale o va a salir ese dinero para asegurarnos de que no nos quedamos en descubierto o se devuelve algún recibo, dos cosas que, además de engorrosas, pueden salir caras. Cada semana —cuadrar las cuentas es mi *fiebre del viernes noche*, qué pasa— empiezo con el saldo de cada cuenta el viernes anterior, y voy apuntando cada movimiento en su categoría y en su cuenta, de forma que, al final, me tienen que cuadrar con los saldos actuales. Para que esto funcione, tengo una categoría que se llama «Transferencias» en la que apunto precisamente eso, los traspasos entre mis cuentas, y que, cuando miro todo junto, me tiene que sumar cero. Al final, el resumen semanal podría ser algo parecido a esta tabla:

Saldo al principio de la semana		Cuenta 1 6.000 €	Cuenta 2 250 €	Cuenta 3 1.500 €	Total 7.750 €
Vivienda	Hipoteca	-800 €			-800 €
Comida	Supermercado		-95 €		-95 €
Vehículos	Gasolina				- €
Vivienda	Gastos de comunidad	-150 €			-150 €
Ingresos	Salario	2.300 €			2.300 €
Ropa			-27 €		-27 €
Finanzas	Transferencia	-1.000 €	1.000 €		- €
Finanzas	Recibos tarjeta			-350 €	-350 €
Saldo al final de la semana		6.350 €	1.128 €	1.150 €	8.628 €

QUE NO TE PILLE EL TORO DE LA VISA

Y ya lo último de pirada absoluta. Ahora que lo de pagar con tarjeta es el pan nuestro de cada día, si no andamos con ojo, nos podemos pegar un susto cuando nos pasen la Visa a primeros de mes. Para evitar infartos de miocardio innecesarios, sobre todo porque mi marido es de mano alegre y tiene un límite en la Visa con capacidad de arruinarnos, yo trato la tarjeta como si fuera una cuenta más. Es decir, cada semana miro lo que he gastado con esa tarjeta, apunto cada gasto en su categoría para que me cuadre el saldo (que en este caso sería negativo) y, cuando me pasan el recibo, hago una *transferencia* en mi presupuesto entre la tarjeta y la cuenta a la que me pasan el recibo.

Siguiendo con el ejemplo anterior, la semana, incluyendo las tarjetas de crédito, podría ser algo así:

Saldo al principio de la semana		Cuenta 1 6.000 €	Cuenta 2 250 €	Cuenta 3 1.500 €	Visa 1 -300 €	Visa 2 - €	Total 7.450 €
Vivienda	Hipoteca	-800 €					-800 €
Comida	Supermercado		-95 €				-95 €
Vehículos	Gasolina				-50 €		-50 €
Vivienda	Gastos de comunidad	-150 €					-150 €
Ingresos	Salario	2.300 €					2.300 €
Ocio	Salidas					-35 €	-35 €
Ropa			-27 €				-27 €
Finanzas	Transferencia	-1.000 €	1.000 €				- €
Finanzas	Recibos tarjeta			-350 €	350 €		-€
Saldo al final de la semana		6.350 €	1.128 €	1.150 €	- €	-35 €	8.593 €

COSAS QUE TU PRESUPUESTO DICE DE TI

En mi caso, claramente, que estoy fatal de lo mío. Pero, taras personales aparte, saquemos la lupa para ver un poco de qué va esto del análisis financiero aplicado al común de los mortales.

¿VAS POR EL CAMINO ADECUADO?

Lo primero, claro, es ver si llegas a fin de mes o no. Si el ahorro te sale positivo, ya empezamos bien. Esto no significa que no pueda haber meses negativos, pero, en general, el ahorro anual debería ser positivo. Si te sale negativo y no hay una causa de fuerza mayor —y por *causa de fuerza mayor* me refiero a algún gasto extraordinario que no vaya a volver a repetirse en mucho tiempo, como una reforma, la compra de un coche, un bache laboral o un viaje excepcional—, es el primer síntoma de que algo no va bien.

Si vamos «lo comido por lo servido», pase, pero hay que plantearse que, a medio plazo, algo tiene que cambiar.

¿TU VIDA TE REPRESENTA?

Un ejercicio interesante es hacer la foto de tu estructura financiera. Por *foto* me refiero a ver qué porcentaje de nuestros ingresos nos gastamos en cada cosa. Esta es nuestra foto de este año:

Ingresos	100 %
Casa	33 %
Ocio	17 %
Comida	15 %
Coches	10 %
Gastos personales	5 %
Finanzas	6 %
Salud	2 %
Ropa	2 %
Comunicaciones	2 %
Educación	2 %
Animales	1 %
Ahorro	5 %

¿Qué dice esto de mi familia? Pues, para empezar, que, como veremos cuando analicemos los gastos en vivienda al detalle, nos gastamos un poco más de la cuenta en la casa, al límite de lo razonable, lo cual tiene sentido, porque somos una familia grande y vivimos en una zona cara. En cambio, para tener cinco hijas, gastamos poquísimo en educación. Compensamos el hecho de que la zona en la que vivimos es cara con que la educación pública es muy buena y prácticamente gratuita: nos dan hasta los libros de texto.

Vemos también que lo de ahorrar este año lo llevamos regular. Esto, entre otras cosas, se debe a ese viaje que os contaba, pero la realidad es que no somos muy ahorradores. Como ya nos vamos conociendo, para compensar nuestra baja capacidad de ahorro, estamos asegurados hasta las cejas, y por eso tenemos unos gastos financieros tan altos.

Lo que es innegable con esa foto es que somos disfrutones, que nos gusta vivir y comer bien (como os decía, los gastos personales son libros para mí y vino para mi marido) y que no somos particularmente hormiguitas.

En general, me gustaría ahorrar un poco más, pero, como tenemos un plan de futuro bastante sólido y nuestro presupuesto incluye ya muchos imprevistos, no me preocupa demasiado.

A mí, de esta foto, me matan los coches. Porque no son algo que me guste ni que disfrute particularmente y a veces tengo la sensación de que trabajamos solo para pagar la furgoneta. Para colmo, como les metemos mucha tralla y los cuidamos poco, cada vez que pasamos por el taller es un ojo de la cara. El problema es que ahora mismo tiene difícil solución, porque vivimos apartados del mundanal ruido y necesitamos que, por lo menos en uno de los dos coches, nos quepan todas las niñas. A esto no le veo solución inmediata, pero, el día que pueda, le van a dar viento fresco al coche grande.

Como veis, a grandes rasgos, nuestra foto financiera nos representa y se ajusta bastante a nuestras prioridades.

> **LA REGLA DE ORO**
>
> Hay que intentar que el dinero se vaya en cosas que te hacen feliz.

Si no me gustara nuestra casa, por ejemplo, sería una auténtica barbaridad pulirnos el 33 % de nuestros ingresos en ella, y estaría ya buscando otra para mudarnos. Pero poder gastarnos el 22 % de nuestros ingresos en ocio (si incluimos mis libros y el vino de mi señor marido) me parece un lujazo que pagamos teniendo poca ayuda en casa. Al final, es todo cuestión de prioridades.

Otra cosa que dice mucho de una familia es si sus miembros llevan las cuentas juntos o separados. Si somos de los de apuntar los *te debo* y de diferenciar lo que aporta uno de lo que aporta el otro, tendremos que hacer todos los cálculos y las previsiones dos veces; si somos más de meter todo en el mismo bote, podemos hacerlo directamente, sumando los gastos y los ingresos de todas las partes y tratándolo como un presupuesto familiar único. Los solteros están de suerte, solo tienen que hacerlo una vez.

¿TIENES CAPACIDAD DE REACCIÓN?

En lo que mi familia no sale tan bien parada es en la capacidad de reacción si, por la razón que sea, tenemos un problema de ingresos.

«

GRANDES PALABROS DE LA HISTORIA FINANCIERA

La *capacidad de reacción* es el porcentaje de tus gastos que puedes reducir de un día para otro.

»

Se puede calcular más detalladamente, pero una aproximación bastante fiable es sumar las categorías que se pueden recortar de cuajo sin dolor: ropa, ocio, gastos personales y ahorro. En nuestro caso, aproximadamente el 29 % de nuestros gastos.

Trabajo	100 %
Casa	33 %
Comunicaciones	2 %
Comida	15 %
Salud	2 %
Transporte	10 %
Educación	2 %
Finanzas	6 %
Personal	0 %
Animales de compañía	1 %
Ropa	2 %
Gastos personales	5 %
Ocio	17 %
Ahorro	5 %

Esto significa que cualquier circunstancia que suponga reducir nuestros ingresos más de un 29 % nos pone en un aprieto, porque para rascar de otras categorías —como comida o suministros— hay que currárselo un poco más y, a veces, los contratos solo pueden cancelarse a varios meses vista.

Este es, ahora mismo, nuestro verdadero talón de Aquiles. Cuando le vimos las orejas al lobo con el dichoso coronavirus, nos dimos cuenta de que había dos opciones: aumentar los ingresos o cambiar nuestro estilo de vida en algo sustancial. Tuvimos la suerte de que todavía teníamos margen para aumentar los ingresos, posponiendo unos proyectos y adelantando otros, y no llegó la sangre al río. Pero a mí el susto no se me ha pasado y estoy trabajando sin prisa, pero sin pausa, para mejorar nuestra capacidad de reacción, previendo además que algún día las niñas se me van a rebelar y no van a querer llevar ropa de octava mano. En un mundo ideal, me gustaría tener una capacidad de reacción del 50 % (poder reducir nuestros gastos un 50 % de un día para otro), pero, como mínimo imprescindible, hay que tener un 25 %.

CINCO CONSEJOS PARA MEJORAR TU CAPACIDAD DE REACCIÓN

- **Dar de baja** esas **suscripciones** que nunca utilizas, como el gimnasio al que fuiste una vez, esa plataforma de *streaming* que no ves casi nunca o la aplicación para meditar que no has estrenado (basado en hechos dolorosamente reales).
- **Revisar tus seguros y compararlos con otros proveedores.** Es fácil conseguir reducciones de un 20 % de la prima si buscas bien.
- **Revisar tus contratos de telefonía, televisión digital, ADSL y otros suministros** como electricidad, gas o sistemas de alarma, y pedir ofertas de otros proveedores.
- **Auditar tus cuentas y productos financieros para** ver cuánto te estás dejando en comisiones e intereses y, si toca, hablar con tu banco para negociarlos.
- Llegado el caso, si realmente vamos muy achuchados, pensar si podría compensar **renegociar la hipoteca** o, incluso, **cambiar de banco** (ojo con las comisiones de novación y subrogación que podamos tener).

En realidad, esto habría que hacerlo como quien cambia el armario, una vez al año, para asegurarnos de que no estamos manteniendo contratos que no utilizamos o cuyas condiciones ya no son competitivas. En el caso de la hipoteca, una vez al año no, pero cada cinco años es sano darse una vuelta por el mercado bancario para ver si sería posible mejorar nuestras condiciones.

PARA NOTA

- ✓ Tienes un presupuesto a un año vista y lo actualizas una vez al mes.
- ✓ Todos los gastos tienen nombre y apellidos.
- ✓ Tu presupuesto es realista y te representa.
- ✓ Tu presupuesto suma cero y el ahorro es positivo.
- ✓ No hay grandes olvidados (acuérdate del IBI, los seguros de cuota anual, las tasas e impuestos municipales, la revisión del coche, las visitas al dentista…).
- ✓ Has incluido la reposición de electrodomésticos y coches y has previsto una cantidad para reparaciones, derramas y mantenimientos.
- ✓ No te has dejado los regalos y los cumpleaños en el tintero. Que los gastos no te amarguen las fiestas.
- ✓ Hacienda somos todos y tu presupuesto lo sabe.
- ✓ Has desglosado tu presupuesto por cuentas bancarias y has incluido las tarjetas de crédito.
- ✓ Has revisado tu capacidad de reacción y está entre un 25-50 %.

2
Averigua cuánto vales

Hay una escena que se repite por lo menos una vez al año, normalmente mientras vamos en coche a alguna parte. Cuando el hastío de los kilómetros sin fin nos relaja la lengua, llega un momento en que el padre de mis criaturas se pone mustio y me pregunta con ojos arrobados: «¿Qué quieres por tu cumpleaños?».

Merece la pena aclarar que la pregunta es puramente retórica: llevamos años sin regalarnos nada en fechas señaladas. Pero, como si del «veo, veo» se tratara, yo suelo recoger el guante con mi gracejo acostumbrado: «Pues no sé, la verdad es que no necesito nada. Déjame que piense…». A lo que él, raudo y veloz, intercede: «Porque a mí, por ejemplo, me vendría fenomenal un cinturón rojo. Ya sabes, para los pantalones azules esos con el dobladillo, y ya puestos, otros zapatos para verano que peguen con el cinturón. Y la verdad es que el polo blanco está un poco viejo ya, y…, y…, y…». Y así hasta que llegamos a nuestro destino. Luego la excusa es que a mí es imposible regalarme nada.

De la misma manera, si nos preguntaran en habitaciones separadas si somos ricos, las respuestas serían del tipo…

Padre de mis criaturas: «¿Ricos? ¿Nosotros? Para nada. A ver, no nos podemos quejar, pero ricos, lo que se dice ricos, no somos. Porque, así entre usted y yo, la verdad es que llevo tiempo queriendo un cinturón rojo para los pantalones azules que me combinaría divino con un polo que he visto que, sí, es un poco caro, pero al final si quieres calidad hay que pagar, y ya se sabe que comprar barato nunca compensa… ¿Me sigue?».

Servidora: «¿Ricos? ¿Nosotros? Pues, hombre, desde luego pertenecemos al 1 % de la población mundial afluente y, como tal, entraríamos en cualquier definición de riqueza, sean cuales sean los parámetros tenidos en cuenta… ¿Me sigue?».

Pero no sufran, nuestro matrimonio no corre peligro. Este es un caso claro de lo que cada uno entiende por *ser rico.* Aunque parezca pura palabrería, las repercusiones de cómo define cada uno la riqueza son bastante determinantes. Y no me refiero a lo típico de «la riqueza es la salud» o «el amor» o «tus ojos mirándome al alba». No, lo que entendemos por ser rico tiene consecuencias, contantes y sonantes, en nuestra actitud financiera.

Ciertamente, la palabra *riqueza* a muchos nos sugiere vacaciones en las Maldivas y casas en Santorini. Esa es un poco la filosofía del padre de mis niñas cuando dice que no somos ricos. Efectivamente, no gastamos Ferraris ni tenemos un cocinero con estrella en plantilla, pero a mí la definición que más me gusta es que la **riqueza es la capacidad de consumir en el futuro.** Ahí es nada.

Visto así, rico es aquel que tiene cubiertas no solo las necesidades de hoy, sino también las de mañana. Obviamente, cuanto mayores sean nuestras necesidades, más dinero nos hará falta para cubrirlas en un futuro y, por eso mismo, ganar mucho no es sinónimo de ser rico aunque lo parezca. Podríamos vender nuestra casa hoy y vivir en hoteles de cinco estrellas como los forrados de carné hasta que el dinero aguante, pero eso no nos convierte en ricos. No, para ser ricos hay que poder mantener nuestro estilo de vida. Por eso tener un presupuesto no es suficiente. Para poder medir nuestra capacidad de consumir en el futuro, nos falta la otra mitad de la foto: nuestro valor neto.

CÓMO SABER CUÁNTO VALES

El valor neto es el equivalente al balance de una empresa y no es más que lo que tienes menos lo que debes, más fácil imposible. Pero, por si acaso, mirémoslo un poco más en detalle.

Para calcular nuestro valor neto, primero hay que sumar lo que tenemos, y no me refiero a las cartucheras. Entre nuestros activos estará el dinero que tengamos en cuentas, depósitos o debajo del colchón, la casa o casas que podamos tener, las acciones, fondos (de inversión y de pensiones), planes de ahorro, participaciones en empresas, etcétera.

Esto hay que verlo como una foto de nuestro poderío financiero en un momento particular y, por eso, hay que poner para cada cosa el valor que tiene en ese momento dado. En este sentido, no pondremos lo que pagamos por nuestra casa cuando la compramos, sino el valor de mercado actual. Y lo mismo para nuestras otras inversiones y también, cómo no, para nuestras deudas, la otra cara de la foto.

En lo que debemos, nuestro pasivo, pondremos la hipoteca, los préstamos al consumo o para comprar un coche, si le debemos dinero a nuestro vecino, a Hacienda o cualquier otra deuda, como pagos fraccionados en las tarjetas de crédito, que podamos tener. Y lo mismo, no se pone el importe original, sino lo que nos quede por devolver en ese momento.

La suma de todo lo que tenemos menos todo lo que debemos es nuestro valor neto en ese momento.

> **LA FÓRMULA MAESTRA**
>
> **Valor neto = Lo que tengo (activos) – Lo que debo (pasivos)**

LAS CLAVES PARA CALCULAR TU VALOR NETO

Para que la información que nos da este numerito sea útil, tenemos que tener en cuenta algunas cosas:

1 NO POR MUCHO CALCULAR AMANECE MÁS TEMPRANO

No hace falta monitorizar nuestro valor neto tan de cerca como nuestro presupuesto. Con actualizarlo una o dos veces al año es suficiente. Lo importante no es de dónde vienes, sino adónde vas.

2 AUNQUE LA MONA SE VISTA DE SEDA...

… pobre se queda. De nada sirve poner unas valoraciones estratosféricas para nuestras propiedades o inversiones. Por mucho que a ti te parezca que el cuadro que pintó tu difunta abuela es un Velázquez, lo que cuenta es lo que te pagarían por él hoy. Seamos realistas y pongamos valores de mercado. Ante la duda, es mejor pasarse de precavidos y poner la valoración más baja.

3 NO NOS PASEMOS DE LISTOS

En teoría, como el valor neto es realmente nuestro patrimonio, podríamos incluir, como se hace en las herencias, los coches, los muebles o los bolsos de marca, pero, como son cosas que pierden valor muy rápido, a no ser que seas coleccionista profesional, yo no recomiendo incluirlos cuando calculamos nuestro valor neto. Ojo, si los compramos con un crédito, el préstamo **siempre** hay que contarlo.

4 NÚMEROS ROJOS

Si debes más de lo que tienes, tu valor neto puede ser negativo. Pero, tranquilos, en según qué circunstancias, es normal. Sobre todo si somos jóvenes, estamos montando un negocio, invirtiendo en formación para tener un trabajo mejor o retocándonos los párpados para ser la próxima portada de *Vogue*.

5 UNA CARRERA DE FONDO

Al final, lo importante no es lo que valgamos hoy, sino la evolución, que nuestro valor neto vaya creciendo para poder vivir como queremos cuando nos jubilemos. Hay que tener en cuenta que, a medida que nos vamos haciendo mayores, tenemos menos tiempo y, muchas veces, menos capacidad para generar valor, por lo que, cuanto antes empecemos, mejor. Para que os hagáis una idea, esta podría ser la curva de la evolución del valor neto de un mortal común:

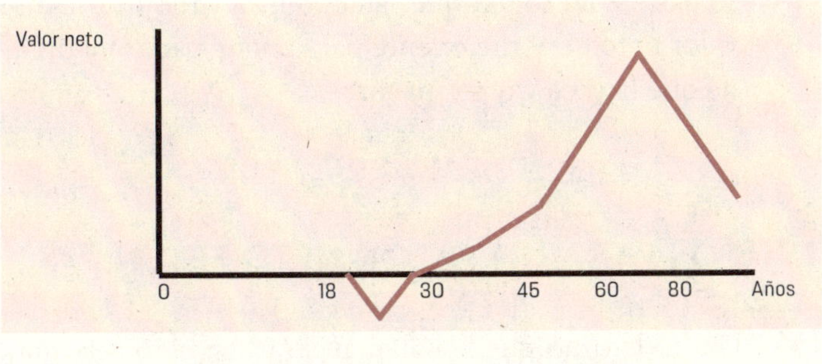

Como podéis deducir del gráfico, lo importante es que ese pico al que llegamos antes de jubilarnos sea lo suficientemente alto para que la caída no nos deje a cero —o, peor, bajo cero— antes de tiempo. Hay que intentar no sobrevivir a nuestro dinero.

CÓMO AUMENTAR TU VALOR NETO

Hay muchas formas de aumentar nuestro valor neto, como por ejemplo:

- Ahorrando, que es gerundio.
- Amortizando hipoteca o pagando nuestras deudas.
- Haciendo aportaciones a nuestro plan de pensiones, planes de ahorro o seguros de ahorro a largo plazo.
- Heredando. Por mucho que nos pese, en esto del valor neto, los Onasis siempre nos llevarán ventaja.
- Invirtiendo. Este último punto merece mención especial porque nuestras inversiones, ya sea en casas, acciones o vestidos de alta costura, pueden subir y aumentar nuestro valor neto, pero también pueden bajar, destruyendo valor a su paso. Por eso hay que estar atentos y monitorizar nuestro valor neto periódicamente para poder tomar medidas antes de que la cosa vaya a mayores.

TRUCOS PARA UN VALOR NETO FETÉN

Como en todo, uno puede calcular su valor neto relajadamente, como la gente de bien, o modo *estás fatal de lo tuyo,* que, huelga decirlo, es lo que hago yo.

CON HACIENDA HEMOS TOPADO

Ahora que nos vamos conociendo, os habréis dado cuenta de que la Agencia Tributaria es mi princesa prometida. Sustos, los justos. Por eso, como soy agonías por naturaleza, no me gusta creerme más rica de lo que soy y, como sé que cuando ejecutamos una inversión —por *ejecutar* me refiero a realizar ganancias cuando vendo una casa, unas acciones o un fondo— toca pasar por caja y pagar impuestos sobre los beneficios, si es que los hay, cuando calculo mi valor neto, descuento ya la tajada de Hacienda. Esto, a no ser que nos demos a la ingeniería fiscal, es bastante sencillo y, al preverlo, es más fácil organizarlo para optimizar el importe a pagar.

Muchas veces, que una inversión sea más o menos rentable depende de que aprovechemos bien las características fiscales de cada producto. Pero para poder obtener los máximos beneficios no se puede esperar a vender para informarse, es mejor tenerlo en cuenta desde el principio para poder planificar. Por ejemplo, hay veces que puede compensar vender una inversión a final de año en lugar de a principios del siguiente para compensar las ganancias de una inversión con las pérdidas de otra, o al contrario.

No hay que tener vergüenza de preguntarle al señor del banco o a la comercial de la aseguradora cómo tributan los productos que nos quieren vender, y si no lo vemos claro, consultar a un asesor fiscal antes de liarnos la manta a la cabeza. Los asesores financieros o fiscales no son una cosa de ricos, los hay que nos pueden asesorar a precios muy asequibles.

Y no solo eso: Hacienda somos todos y, por eso, en la página web de la Agencia Tributaria hay mucha información útil y, si no lo entendemos bien, siempre se puede llamar y preguntar. Os parecerá mentira, pero el señor de mi delegación de Hacienda ya me reconoce por la voz. Yo, ante cualquier duda, por muy tonta que sea, llamo y pregunto sin más. Lo importante es no contratar ningún producto financiero sin entender qué impuestos hay que pagar y cuándo.

Si os vais a quedar solo con una cosa de este libro, que sea esta:

LA REGLA DE ORO

En temas fiscales, las prisas nunca son buenas consejeras, más vale prevenir.

LA HIPOTECA MENOS LOS INTERESES

Por la misma regla de tres, es importante darse cuenta de que de la cuota de la hipoteca (o de cualquier otro crédito) no va todo a amortizar el préstamo y reducir lo que debemos, sino que una parte es el pago de los intereses, que son simplemente un gasto más.

Veremos esto más en detalle cuando hablemos de la vivienda, pero conviene tener presente que lo que nos queda por pagar de nuestra casa no es lo que pedimos prestado menos las cuotas que ya nos han pasado de la hipoteca. Lo mismo se aplica a cualquier otro crédito que podamos tener.

LIQUIDEZ, DIVINO TESORO

Los dos puntos anteriores son opcionales y, me atrevería a decir, vuestra salud mental os agradecerá que los ignoréis directamente. Pero este sí es importante: la liquidez de nuestro patrimonio es un dato fundamental que, como las suegras, siempre tenemos que tener presente.

Empecemos por el principio: ¿qué es liquidez?

GRANDES PALABROS DE LA HISTORIA FINANCIERA

> La liquidez no es más que la disponibilidad del dinero, lo fácil o lo difícil que es transformar ese activo en euros contantes y sonantes.

Podemos tener una casa que valga un potosí, pero si quisiéramos transformarla en billetes de cincuenta nos llevaría un tiempo. Tendríamos que poner la casa a la venta, encontrar un comprador, negociar el precio final, firmar el contrato de arras, el de compraventa ante notario y, finalmente, semanas —incluso meses— después tendríamos el dinero en nuestra cuenta. Las casas son activos muy valiosos, pero no demasiado líquidos.

En el otro extremo está nuestra cuenta corriente. Apocalipsis financieros aparte, en cualquier momento podemos ir al banco y disponer de nuestro dinero casi inmediatamente, porque los depósitos a la vista son activos muy líquidos.

A medio camino entre la iliquidez de los planes de pensiones, de los que, salvo contadas excepciones, no podemos disponer hasta que nos jubilemos, y la liquidez de las monedas de céntimo están cosas como las acciones o los fondos de inversión, que son relativamente líquidos, pero con peros. Teóricamente, uno puede vender unas acciones o un fondo de inversión en cualquier momento, pero si te coge la urgencia en plena crisis, con la bolsa en mínimos históricos, puede que tengas que vender con pérdidas, lo que, obviamente, no es lo ideal.

Por eso, cuando nos pongamos a calcular nuestro valor neto, conviene organizar los activos de más a menos líquidos como en este ejemplo:

Lo que tengo	**242.000 €**	
Calcetín debajo del colchón Cuenta corriente Cuenta de ahorro	1.000 € 5.000 € 5.000 €	Líquido
Acciones Fondo de inversión	1.000 € 5.000 €	Medio
Plan de pensiones Participación negocio Casa	10.000 € 15.000 € 200.000 €	Poco líquido
Lo que debo	**–165.000€**	
Préstamo coche Hipoteca	–15.000 € –150.000 €	Pasivo
Valor neto	77.000€	

Y aquí viene un concepto que tenemos que grabarnos a fuego: los ahorros que tengamos para emergencias y vacas flacas tienen que ser muy líquidos precisamente por eso, porque ante una urgencia lo que necesitamos es tener acceso a ese dinero de manera rápida e indolora, sin tener que incurrir en pérdidas innecesarias.

LA REGLA DE ORO

El colchón de emergencia hay que tenerlo en activos líquidos,
como cuentas, depósitos a la vista o
en billetes de cincuenta en el tarro del azúcar.

COSAS QUE TU VALOR NETO DICE DE TI

SI VAS POR EL CAMINO ADECUADO

Como decíamos, en momentos puntuales podemos tener un valor neto negativo sin que signifique necesariamente que vamos directos a la bancarrota. Pero no está de más tener una idea aproximada de si nuestro valor neto es adecuado para nuestra edad y nuestros ingresos. Esto no es una ciencia exacta, pero, para hacernos una idea, hay una formulita muy fácil que nos da una referencia de si vamos bien, mal o peor.

LA FÓRMULA MAESTRA

Valor neto = (tus ingresos netos × tu edad)/10

Hablando en plata, si tienes 35 años y ganas 25.000 euros netos al año, tu valor neto debería rondar los 87.500 euros. De la misma manera, si tienes 60 años y unos ingresos netos de 45.000 euros anuales, deberías andar ya por los 270.000 euros. Quién dijo miedo.

En cualquier caso, si tu valor neto es positivo y va creciendo, aunque sea lentamente, ya vas bien.

SI TU ECONOMÍA ESTÁ PREPARADA PARA UN SUSTO

Por desgracia, si hay una ley que se cumple sí o sí es que los sustos, las crisis y los imprevistos tienden a repetirse con puntualidad germana. Es lo que los entendidos en economía llaman *teoría de los ciclos.*

Y, por desgracia también, muchas veces solo nos acordamos de ahorrar para estas cosas cuando ya es demasiado tarde. Por eso es conveniente tener siempre un colchón que iremos engordando cuando las cosas van bien para tener de dónde tirar cuando las cosas se pongan feas. De cara a hacer frente a imprevistos, nuestros activos líquidos (ojo, que esto es muy importante) deberían cubrir, por lo menos, entre tres y seis meses de nuestros ingresos netos.

Volviendo al ejemplo de antes, la parte sombreada debería ser por lo menos tres veces —mejor seis— los ingresos netos mensuales. Si nuestros ingresos fueran 1.800 euros mensuales (netos, no se nos olvide), significaría que nuestros activos líquidos (esos 5.000 + 5.000 + 1.000 = 11.000 euros que tenemos en la parte sombreada) serían suficientes para cubrir seis meses, que es una cantidad razonable para estar bien cubiertos. El mínimo indispensable son tres meses, en este caso, 5.400 euros, en depósitos a la vista o dinero debajo del colchón.

Lo que tengo	**242.000 €**	
Calcetín debajo del colchón	1.000 €	Líquido
Cuenta corriente	5.000 €	
Cuenta de ahorro	5.000 €	
Acciones	1.000 €	Medio
Fondo de inversión	5.000 €	
Plan de pensiones	10.000 €	Poco líquido
Participación negocio	15.000 €	
Casa	200.000 €	
Lo que debo	**−165.000 €**	
Préstamo coche	−15.000 €	Pasivo
Hipoteca	−150.000 €	
Valor neto	**77.000 €**	

Parece fácil, pero no lo es tanto. Muchas familias no tienen ahorros para cubrir ni un mes, y eso las hace especialmente vulnerables en tiempos de crisis.

SI TE HAS ENDEUDADO POR ENCIMA DE TUS POSIBILIDADES

Otro numerito que nos da una idea de la salud de nuestras finanzas es la ratio de endeudamiento. Suena fatal, pero no es otra cosa que nuestras deudas divididas entre nuestro valor neto. En el ejemplo anterior, sería 165.000/77.000 = 2,14, bastante alto.

En general, este número debería ser menor que 1, lo que significa que tenemos más dinero del que debemos, pero hay veces en la vida, como cuando uno se acaba de comprar una casa, en las que no es raro ponerse por encima de 1. En este caso, como diría mi padre, más que preocuparse, hay que ocuparse: ponerse a ahorrar y a pagar nuestras deudas sin prisa, pero sin pausa.

LA REGLA DE ORO

Si tu ratio de endeudamiento (deuda/valor neto) es mayor que 1, no deberías endeudarte más.

SI ESTÁS PENSANDO EN EL FUTURO

Hemos cantado mucho las bondades de los activos líquidos, pero los activos no tan líquidos, como las casas y los planes de pensiones, tienen un papel por lo menos igual de importante.

*** QUE NO SE TE OLVIDE**

Los activos poco líquidos representan nuestras inversiones a largo plazo y nos dan una idea de si nos estamos preparando para el futuro o no.

Al final, como en todo, lo bueno es encontrar un equilibrio y tener un *mix* adecuado de activos líquidos y poco líquidos. Para esto no hay una fórmula maestra, depende del perfil de riesgo de cada uno. En el ejemplo que veíamos antes, como ya hay muchas inversiones en activos poco líquidos y tenemos un colchón suficiente de activos líquidos, yo amortizaría toda la deuda que pudiera y ahorraría para invertir en activos de liquidez media, como acciones y fondos de inversión, que nos pueden dar cobertura si las vacas flacas se alargan más de lo previsto.

Lo que tengo	**242.000 €**	
Calcetín debajo del colchón	1.000 €	
Cuenta corriente	5.000 €	Líquido
Cuenta de ahorro	5.000 €	
Acciones	1.000 €	Medio
Fondo de inversión	5.000 €	
Plan de pensiones	10.000 €	
Participación negocio	15.000 €	Poco líquido
Casa	200.000 €	
Lo que debo	**–165.000 €**	
Préstamo coche	–15.000 €	Pasivo
Hipoteca	–150.000 €	
Valor neto	**77.000 €**	

Pero veamos qué pasaría si tuviéramos una situación parecida a la anterior, pero la persona viviera de alquiler en lugar de haber comprado una casa:

Lo que tengo	42.000 €	
Calcetín debajo del colchón	1.000 €	Líquido
Cuenta corriente	5.000 €	
Cuenta de ahorro	5.000 €	
Acciones	1.000 €	Medio
Fondo de inversión	5.000 €	
Plan de pensiones	10.000 €	Poco líquido
Participación negocio	15.000 €	
Lo que debo	**–15.000 €**	
Préstamo coche	–15.000 €	Pasivo
Valor neto	**27.000 €**	

En este caso, en proporción, la persona tendría que invertir más agresivamente en su futuro, ya sea comprando una casa o invirtiendo más dinero en su plan de pensiones o en otros instrumentos de ahorro a largo plazo. De hecho, en general, nuestros activos deberían tender a ser una pirámide:

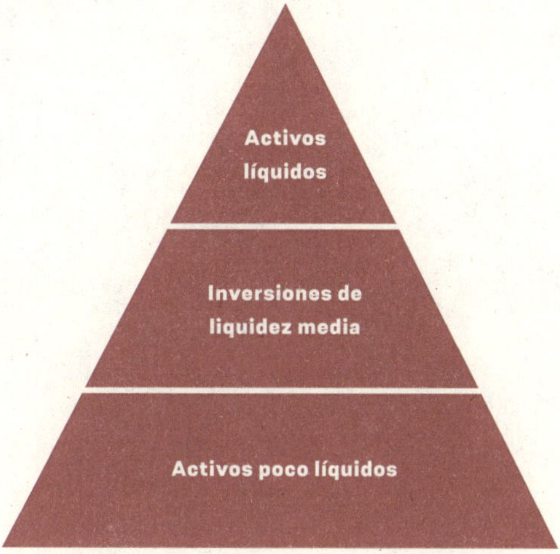

PARA NOTA

- ✓ Sabes cuál es tu valor neto.
- ✓ Las valoraciones que has utilizado son actuales y realistas.
- ✓ No has metido el coche u otros activos que solo pierden valor.
- ✓ Has incluido todos tus préstamos (el del coche, también).
- ✓ Tu valor neto es positivo y va creciendo.
- ✓ Tienes entre tres y seis meses de ahorros en activos líquidos.
- ✓ Tu ratio de endeudamiento es menor que 1.
- ✓ Estás ahorrando para el futuro en activos poco líquidos.
- ✓ Tienes por lo menos seis meses de sueldo más en activos de liquidez media (esto es solo para matrícula de honor).

3
Ahorra como los ricos

Ahora que ya tenemos las dos herramientas básicas para evaluar nuestra salud financiera, el presupuesto y nuestro valor neto, toca pasar a la acción. Y, como no podía ser de otra manera, empezaremos con la piedra angular de las finanzas: el ahorro.

A mí, con el ahorro, me pasa como con las palmeras de chocolate: me parece que mi yo de hoy tiene mucha más necesidad de azúcar en vena que mi yo de mañana, que será una de esas tías estupendas que solo comen *crudités* y *smoothies* de apio. La experiencia, por supuesto, no deja de recordarme que mi yo del futuro va a tener exactamente la misma falta de voluntad que mi yo actual, la misma hambre —o más— y las mismas ganas —inexistentes— de apuntarse al gimnasio.

Por eso, las modas del 50-30-20 (uno debería, según los expertos, gastar un 50% en los gastos fijos, un 30% en ocio y, agarraos los machos, ahorrar un 20% del sueldo) me parecen igual de estupendas, idílicas e inspiradoras que el programa de *fitness* de una modelo de pasarela. Sobre el papel y, si me apuráis, en ese futuro nebuloso en el que yo no soy yo, sino una versión muy mejorada de mí misma, funcionan. Pero la realidad es que, aquí y ahora, con mis cinco hijas, nuestros ingresos de currantes del montón, las ortodoncias, las gafas y las extraescolares, los astros rara vez se alinean para cumplir con ese 20% que, coincido, me daría una paz de espíritu que ahora no tengo.

Es más, hay veces que, aun a costa de ese 20 % y contra toda la sabiduría financiera que atesoro, me doy caprichos. Igual que, aunque sé de sobra que las palmeras de chocolate no son lo que mi colesterol necesita, me ventilo una cada vez que tengo oportunidad. Pero que una sea de corte débil tirando a pusilánime no significa que tenga que resignarse a una vida de estrecheces y celulitis, así que al tajo.

QUÉ ES EL AHORRO Y POR QUÉ ES TAN IMPORTANTE

Parece que tener que ahorrar es cosa de pobres, de no tener suficiente, pero, en realidad, ahorrar no es más que una forma de alisar los baches naturales e inevitables —ojo con esto, nadie se libra— de la vida financiera de cualquier ser humano rico, pobre o mediopensionista.

No es que los ricos no ahorren, al contrario, ahorran muchísimo, lo que pasa es que lo llaman *inversión*, o *creación de capital*, o *incremento patrimonial*, o cualquier otro nombre pintón que suene mejor que apretarse el cinturón.

No os dejéis engañar por lo mustio del nombre, el ahorro es la guinda del pastel financiero o, mejor dicho, el *frosting* de la tarta. Cuando ahorramos, lo que hacemos es repartir el dinero en el tiempo. Y, como con el *frosting*, lo que importa es que nos dé para cubrir toda la tarta y que nos quede lo más homogéneo posible.

El ahorro es necesario no porque tengamos poco, sino porque los gastos y los ingresos no siempre van de la mano. Hay épocas en las que se gasta mucho y se ingresa poco, y otras al contrario. Lo que hay que hacer es repartir el dinero a lo largo de la vida para poder vivir sin sobresaltos. Lo podemos llamar *ahorrar, gestionar nuestra tesorería* o *untar la mantequilla*. Al final, lo que cuenta es que la tostada quede bien cubierta.

Da igual si decimos que hay que ahorrar o que tenemos que incrementar los recursos propios, como los señores del IBEX 35, lo que hay que tener claro es que, mientras la vida sea vida y la Tierra siga girando alrededor del Sol, el ahorro no es opcional.

LA REGLA DE ORO

Hay que dejar de ver el ahorro como lo que sobra a fin de mes.

Ya que de ahorrar no nos vamos a librar, hagámoslo como los ricos: con conocimiento de causa y de la forma más eficiente posible.

CUÁNTO HAY QUE AHORRAR Y PARA QUÉ

Aquí, como en todo, hay mil reglas y mil expertos, pero, al final, todo se reduce a lo mismo. Con un poco de sentido común, no es tan complicado organizarse. En esto de ahorrar lo importante es saber por y para qué estamos ahorrando en cada momento.

Vayamos por orden…

- **Cubrir el fin de mes.** Lo primero, en términos de ahorro, es llegar a fin de mes y, más en concreto, llegar a fin de mes todos los meses del año. Esto, si hemos hecho los deberes y tenemos un buen presupuesto, no tiene mayor misterio. Se trata de saber que hay meses, como pueden ser las Navidades o las vacaciones de verano, que suelen ser caros por definición y es fácil que nuestros gastos superen a nuestros ingresos mensuales. Por eso, hay que estar bien organizados para guardar algo de dinero los meses facilones para ir más holgados cuando no quedan más narices que gastar. De ahí la importancia de tener un presupuesto anual.

EL TRUCO DEL ALMENDRUCO

Cuanto más detallado sea nuestro presupuesto, menos tendremos que ahorrar.

- **El colchón de emergencia.** Cuando ya tenemos el año bajo control y sabemos que no nos va a pillar la cuesta de enero en enaguas, hay que empezar a ahorrar para el colchón de emergencia. Este colchón es fundamental para hacernos más resilientes (perdonadme por recurrir a este palabro del infierno) y para que en tiempos de crisis no suframos daños financieros permanentes. Como vimos cuando hablamos del valor neto, hay que tener ahorrado un mínimo de tres meses de ingresos, pero lo ideal, sobre todo si nuestra capacidad de reacción (la que calculamos al final del capítulo 1) no es muy alta, son seis meses. Para que nos entendamos, si nuestros gastos fijos, los que no se pueden cambiar de un día para otro, son más del 50 % de nuestros ingresos, deberíamos tener ahorrados seis meses de sueldo (neto, tampoco hay que pasarse) para emergencias. Y recordad, estos seis meses hay que tenerlos en activos muy líquidos, o sea, en la cuenta corriente, en un depósito, debajo del colchón o en una cuenta de ahorro. Ojo, si nuestros ingresos son muy variables o nuestro empleo es muy precario, estacional o inestable, igual deberíamos acercarnos más a un año de colchón.

- **El futuro.** Aquí viene el escollo por el que mucha gente suspende en esto del ahorro. Da igual si somos jóvenes, ricos y lozanos, una vez que tenemos el presupuesto cuadrado y el colchón de emergencia a buen recaudo, hay que empezar a ahorrar para el futuro sin prisa, pero sin pausa. Este es el momento de empezar a ahorrar para la jubilación. Las buenas noticias son que comprarse una casa cuenta, pero algo que no todo el mundo tiene en cuenta es que cuanto más ganes, más tienes que ahorrar para la jubilación, porque la pensión supondrá un porcentaje menor de tu sueldo.
- **Objetivos a medio plazo.** Pongamos que ya tenemos un presupuesto a prueba de sustos, un colchón de emergencia mullidito y que hemos empezado, aunque sea modestamente, a ahorrar para el futuro. Entonces —y solo entonces— empieza a ponerse la cosa interesante. Es el momento de ahorrar para la boda, para un coche, para la educación de los niños o para el viaje a Bahamas con el que llevas soñando toda la vida (a optimista no me gana nadie).
- **Vivir mejor.** Si ya hemos cumplido religiosamente todos y cada uno de los cuatro puntos anteriores y todavía nos queda dinero, podemos dedicarnos a invertir más profesionalmente, dar a los que más lo necesitan, asegurar el futuro de nuestros hijos, jubilarnos a los cuarenta o, simplemente, vivir mejor. Ahí ya a discreción de cada uno: lo importante es haber cubierto los cuatro primeros puntos.

Recapitulemos: primero, el fin de mes; luego, el colchón de emergencia; a continuación, la jubilación, seguida de los objetivos a medio plazo, y ya, si eso, el yate.

Como decía antes, para poder cumplir estos objetivos, hay muchos expertos que sugieren ahorrar, como mínimo, el 20% de nuestros ingresos. Pero la cruda realidad es que hay momentos y situaciones en la vida en las que es más fácil ahorrar que en otros, y que un 20 %, aunque es una cantidad razonable para ir holgados, no siempre está al alcance de todo el mundo.

LA FÓRMULA MAESTRA

Podemos ponernos ese 20 % como objetivo, pero como mínimo cuando las cosas van razonablemente bien, hay que intentar ahorrar un **10 % de nuestros ingresos.**

Para no deprimirnos, recordemos que comprarse una casa o hacer aportaciones a nuestro plan de pensiones es ahorrar. Aunque también hay que ser conscientes de que, si tenemos un trabajo inestable, nuestros ingresos varían mucho, somos autónomos, vivimos de alquiler, los sueldos en la pareja son muy dispares o hemos empezado tarde, igual conviene ahorrar un poco más para ir sobre seguro.

En cualquier caso, la categoría «Ahorro» de nuestro presupuesto siempre debería ser, por lo menos, un 10 % de nuestros ingresos y, si podemos, deberíamos estirarlo hasta el 20 %.

¿POR QUÉ NOS CUESTA TANTO AHORRAR?

Si es todo tan fácil, tan de cajón, ¿cómo puede ser que nos cueste tanto ahorrar? Casi todos los estudios coinciden en que la mayoría sabemos que deberíamos ahorrar más. Y tampoco hay que ser astrofísico; como hemos visto, la mecánica del ahorro es bastante sencilla: consiste en guardar dinero en el formato que más rabia nos dé. Entonces, ¿por qué demonios no ahorramos?

Cierto es que mucha gente no es que no esté ahorrando, es que está ahorrando solo de una forma: pagando una casa que representa un porcentaje muy alto de sus ingresos y deja poco margen para más. Pero, aun así, la mayoría de nosotros tenemos más capacidad de ahorro que ahorros.

Precisamente para resolver este enigma universal nació la teoría económica del comportamiento, que arroja un poco de luz sobre por qué, sabiendo como sabemos que sería mejor para nosotros, no ahorramos.

LO DIFÍCIL SE LO DEJAMOS AL YO DEL FUTURO

Lo primero que nos dicen estos señores tan listos con sus estudios y sus premios Nobel es lo que ya sabemos: que solemos dejar los marrones a nuestro yo del futuro y preferimos placer en mano que algo tan abstracto como una recompensa el día de mañana. Esto, hasta cierto punto, tiene sentido —que nos quiten lo bailado—, pero cuando pone en peligro nuestra jubilación, hay que intentar evitarlo.

LA REGLA DE ORO

No dejes para mañana lo que puedas ahorrar hoy.

PERDER DUELE MÁS

Otra cosa curiosa que han descubierto estos señores es que nos duele más perder (aproximadamente el doble) de lo que nos gusta ganar. Es decir, nos fastidia más perder un billete de veinte que la alegría que nos daría encontrarnos ese mismo billete en el metro. Y, por un mecanismo parecido, nos cuesta más renunciar a gastar hoy que poder gastar más adelante, porque lo percibimos como una renuncia o una pérdida. Si encima nos autoconvencemos de que al yo del futuro, ese tipo estupendo sin vicios ni debilidades, le va a hacer menos falta, la pereza que nos da es doble.

NOS CUESTA UN ESFUERZO

Aunque la teoría es fácil, para ahorrar hay que currárselo un poco. Hay que pensar cuánto queremos ahorrar y cómo, dónde vamos a meter esos ahorros, hasta cuándo los queremos tener ahí, etcétera. Esto, combinado con los mil y un productos de ahorro disponibles en el mercado, puede parecer un quebradero de cabeza, porque lo es. Como además es una decisión que nos parece importante, la tentación de recurrir al «me lo voy a pensar con calma» parece tan razonable que es casi imposible resistirse.

NUESTRA ATENCIÓN TIENE DEMASIADOS PRETENDIENTES

Ahorrar es una decisión que requiere de nuestra capacidad de atención que, desde el advenimiento de las redes sociales, está en niveles mosca de la fruta. ¿Cómo va a competir un plan de ahorro personalizado con la tostada de aguacate de la *influencer* de turno? Imposible.

NO NOS GUSTA HABLAR DE DINERO

Que levante la mano aquel a quien no le hayan dicho alguna vez que en público no se habla ni de política, ni de religión, ni de dinero. Y por eso mismo, porque nos da pudor hablar del tema y no solemos saber lo que ahorran los demás, no sentimos la presión de grupo que tendríamos si pudiéramos ver la cuenta de nuestros amigos por un agujerito. Para ilustrar esto, unos señores estudiaron lo que pasaba si recibes mensajes como que tus vecinos han ahorrado tal cantidad, y comprobaron que, efectivamente, saber que los demás están ahorrando nos animaba a ahorrar. Por desgracia, lo que vieron también es que nos animaba a *querer* ahorrar, pero que este *querer* no se traducía en ahorros reales. Querer no siempre es poder.

LAS CLAVES DEL AHORRO CONSCIENTE

Por suerte, estos mismos señores nos dan algunos consejos que nos pueden ayudar a reprogramar nuestro cerebro para que ahorrar duela menos.

1 SÉ REALISTA

No hay nada más frustrante que perseguir un objetivo imposible. No se trata de morir de éxito; en esto del ahorro, despacito y buena letra.

2 CUANTO MEJOR PLANIFIQUES, MENOS HAY QUE AHORRAR

Así que vuelve al capítulo 1 y asegúrate de que tienes un presupuesto a prueba de sustos. No me voy a cansar de repetirlo: cuanto mejor sea tu presupuesto, menos te va a costar ahorrar. Nuestro cerebro funciona como un contable en prácticas y va asignando cuentas mentales a cada gasto. Por eso le duele menos un gasto que ya sabía que iba a venir que uno con el que no contaba. Además, si ya teníamos ese dinero asignado para algo, nos va a costar más gastárnoslo en otra cosa.

3 CAMBIA TU ACTITUD

Aquí está la clave, hay que dejar de ver el ahorro como lo que queda en la cuenta a final de mes. Por eso decíamos que el presupuesto tiene que sumar cero, porque el ahorro no es la diferencia de tus gastos menos tus ingresos, sino un objetivo en sí mismo, una categoría más de nuestro presupuesto que tenemos que gestionar proactivamente y que debe representar, como mínimo, un 10 % de nuestros ingresos.

4 TODO SUMA

Nunca hay que menospreciar el poder de las cantidades pequeñas. Esto es una carrera de fondo y, como veremos en el siguiente capítulo, el interés compuesto nos puede ayudar a convertir cantidades muy modestas en un montante curioso.

> **LA REGLA DE ORO**
>
> Cuanto antes empieces, menos tendrás que ahorrar.

TRUCOS PARA AHORRAR MÁS Y MEJOR

Y ahora que sabemos cómo funciona nuestro subconsciente, hay algunos trucos que nos pueden ayudar a ahorrar más.

AUTOMATIZAR ES GANAR

Precisamente porque somos vagos por naturaleza, lo mejor es automatizar el proceso con transferencias periódicas a nuestra cuenta de ahorro, nuestro plan de pensiones o comoquiera que hayamos decidido ahorrar.

PÓNTELO DIFÍCIL

Otra tentación que a veces es difícil de resistir es la de tirar de ahorros en situaciones que no son emergencias de verdad. Para eso, lo mejor es ponerlo difícil, ya sea ahorrando en productos menos líquidos o no teniendo acceso *online* a la cuenta de ahorro. La tentación de desvalijar el colchón de emergencia para comprarnos unos zapatos de marca es mucho menor si tenemos que arrastrarnos hasta la ventanilla.

DIVIDE Y VENCERÁS

Otra técnica rastrera para engañar a nuestro subconsciente es dividir el ahorro en cantidades pequeñas. Primero, porque psicológicamente parece más fácil ahorrar cinco euros diarios que ciento cincuenta mensuales y, luego, porque es más rollo cancelar varias transacciones pequeñas que una más grande. La forma más efectiva de evitar tentaciones es diversificar el ahorro: cincuenta euros para la cuenta de ahorro, cincuenta para el plan de ahorro o de pensiones, cincuenta al depósito a plazo, etcétera.

AHORRA A PRIMEROS DE MES

Otra tara curiosa de nuestro intelecto es que lo grande o lo pequeña que nos parezca una cantidad depende de nuestro marco de referencia. Nos parece mucho ahorrarnos cinco euros en una camiseta de veinte, pero poco ahorrar esos mismos cinco euros en unas vacaciones en las Maldivas. Por eso mismo, duele menos ahorrar a principios de mes, cuando la cuenta está boyante, que a finales, cuando el saldo es más modesto. Cuando un gurú de las finanzas te dice que «te pagues a ti primero», se refiere a esto, no esperes a que se acabe el mes para ahorrar.

ELIGE BIEN TUS GASTOS

Cuando se trate de ver qué gastos cortar para ahorrar más, la clave es revisar nuestro presupuesto categoría por categoría y hacernos dos preguntas: «¿Este gasto me ayuda a aumentar mi valor neto o mis ingresos?», y «¿Esto me hace feliz?». Empezaremos por todos aquellos gastos que no hagan ni lo uno ni lo otro, para que no se nos vaya el dinero en cosas que nos aportan poco.

Mención especial merecen las comisiones, los seguros y los suministros, que, normalmente, siempre se pueden optimizar si le dedicamos un rato a comparar los precios de varios proveedores y a renegociar las condiciones de nuestros contratos.

Yo, para no morir de bajón, lo que hago es revisar una categoría de gastos cada mes y ver cómo puedo optimizarla, ya sea llamando para ver qué me ofrecen otros proveedores, ya sea pensando estrategias, como cambiar las bombillas por otras de menos consumo y rollos así, para reducir los costes. Google es una mina de ideas. Si lo haces sistemáticamente, categoría por categoría, siempre encuentras algo que rascar.

AHORA EN SERIO, SI GANO POCO, ¿CÓMO DEMONIOS VOY A AHORRAR?

Lo primero, no sufráis. Hay momentos en la vida, como este año en mi casa, sin ir más lejos, en los que ahorrar cuesta muchísimo o es directamente imposible. Lo importante es tenerlo en mente para cuando los astros vuelvan a alinearse y, mientras tanto, no dejar de hacer el gesto voluntario de ahorrar, aunque parezca irrisorio.

De verdad, si hay una regla en esto de la economía y las finanzas es que muchos pocos suman mucho. Además, la ventaja es que, en esto de los números, la proporción lo es todo. Es decir, si ganamos poco, con que ahorremos un poco vale. Lo importante es ponerse un objetivo realista, si puede ser un 10 %, fenomenal, pero, si no un 5 %, incluso un 1 %, están bien para empezar. El truco es hacerlo a primeros de mes, en cuanto cobremos.

Que ganamos seiscientos euros y nos las vemos y nos las deseamos para llegar a fin de mes, intentemos guardar cinco euros en un bote cada vez que cobremos. Que las cosas nos van un poco mejor y ya ganamos novecientos euros, veinticinco euros mensuales en un producto de ahorro a largo plazo pueden ser una cantidad muy suculenta el día de mañana.

Y lo de siempre, planificar, planificar y más planificar. Cuando vamos justos, el presupuesto es lo que más nos va a ayudar a llegar a fin de mes.

QUE NO SE TE OLVIDE

Cuanto mejor sea tu presupuesto, menos tendrás que ahorrar.

PARA NOTA

- ✓ Has apuntado todos tus gastos, incluidas vacaciones y otros extras, en tu presupuesto.
- ✓ Tienes entre tres y seis meses de ingresos ahorrados para emergencias en una cuenta o depósito a la vista.
- ✓ Ahorras por lo menos un 10 % de tu sueldo o de tus ingresos netos.
- ✓ Sabes cuánto quieres ahorrar, por y para qué.
- ✓ Ahorras de forma sistemática y automatizada.
- ✓ Estás ahorrando sin prisa, pero sin pausa, para la jubilación.
- ✓ Tienes objetivos de ahorro a medio plazo para, por ejemplo, tu boda, la entrada de una casa o la educación de tus hijos, y sabes qué tienes que hacer para conseguirlos.

4
Aprende el idioma de tu banco

A mí, con los médicos, me pasa una cosa muy curiosa. En mi casa, con Google a mano, soy poco menos que neurocirujana en prácticas. En mi cabeza, me veo parlamentando de tú a tú con mi médico de cabecera, pidiéndole recetas para los medicamentos *off label* más novedosos y exigiéndole que me mida la vitamina D en sangre por enésima vez. En mi cabeza, claro, porque otra cosa es llegar a la consulta, ver la bata blanca y sufrir una regresión inmediata a mi más tierna y balbuceante infancia. No lo puedo evitar, ver a alguien blandiendo un estetoscopio me impone.

Sospecho que algo parecido le pasa a mucha gente cuando se enfrenta al señor de la ventanilla del banco, no digamos ya si la que nos atiende es la subdirectora de la sucursal de turno. Como además el vocabulario financiero parece diseñado para ser al lenguaje lo que la letra de los médicos a la caligrafía —un misterio indescifrable—, no es de extrañar que mucha gente se deje ofuscar por la cubertería de acero inoxidable y salga del banco con un reloj sin pilas y tropecientos folletos de letra minúscula, sin saber muy bien qué demonios ha firmado.

Por eso, antes de lanzarse a abrir cartillas a diestro y siniestro, conviene saber qué criterios son importantes a la hora de elegir banco y qué tenemos que saber antes de contratar un producto financiero.

LAS CLAVES PARA DAR CON EL BANCO DE TUS SUEÑOS

Esto de buscar banco es un poco como buscar novio. Aunque depende de los gustos y las necesidades de cada uno, hay unos mínimos que cualquier pretendiente digno de batirse en duelo debería cumplir. No nos dejemos obnubilar por una sonrisa profidén, un reloj de cocina o unas condiciones engañosas.

1 QUE SEA DE FIAR

Lo primero, por supuesto, es que sea un tío legal, con papeles y sin antecedentes. Lo que en el mundo bancario equivale a estar registrado en el Banco de España, uno de cuyos cometidos es velar por los intereses del cliente bancario. Parece obvio, pero la Comisión Nacional del Mercado de Valores (CNMV) publica periódicamente listas de lo que llaman *chiringuitos financieros* para advertir sobre la existencia de sociedades que ofrecen servicios de inversión o intermediación sin contar con los registros y las licencias necesarias.

2 QUE SEA SOLVENTE

Además, como le vamos a dejar nuestros ahorros en prenda, conviene también que sea solvente y tenga suficiente pasta para pagar sus facturas. Para que podamos dormir tranquilos, el Banco Central Europeo (BCE) publica periódicamente los índices de solvencia y morosidad de las principales entidades financieras.

Aunque la supervisión es estricta, como no es imposible que quiebren, los bancos están obligados a adherirse al Fondo de Garantía de Depósitos, que garantiza cien mil euros por institución y titular. Es decir, aunque tu banco se vaya al garete, hasta cien mil euros te los repone el Fondo de Garantía de Depósitos. Pero, ojo, porque esto cubre depósitos o saldos en cuentas, no inversiones, como acciones, fondos o planes de pensiones, que están tutelados por otros organismos.

Los bancos extranjeros estarán adheridos al fondo de garantía del país del que provengan, así que, antes de abrir una cuenta, conviene enterarse de qué país se trata y qué garantías ofrece. Para ponerlo fácil, en la Unión Europea está estandarizado y todos los Estados de la Unión garantizan esos cien mil euros por titular y entidad. Si la cuenta es conjunta, serían cien mil euros por cada titular, pero no por cada depósito o cuenta, sino del saldo total que tengamos en productos de ese banco.

3 QUE NOS DÉ SEGURIDAD

Siguiendo en esta misma línea, también conviene casarse con un banco que te dé seguridad frente a robos o usos fraudulentos de tus tarjetas o de la banca *online*. Algunos bancos están dispuestos a ir a pachas con los posibles daños, mientras que otros se lavan las manos.

4 QUE TENGA UNA BUENA RED DE CAJEROS

No hay gasto más absurdo que las comisiones por sacar dinero de un cajero. Por eso conviene asegurarse de que nuestro banco tiene una buena red de cajeros en las zonas que frecuentamos. Pocas cosas dan más rabia que andar dando vueltas para encontrar un cajero de tu red. Además, si viajamos mucho, conviene saber de antemano cuánto te clavan por sacar en otras redes y en el extranjero, para que no nos amarguen las vacaciones.

5 QUE SIEMPRE ESTÉ DISPONIBLE

Porque la ley de Murphy se cumple siempre y, justo el día en que necesitas hacer una transferencia urgentísima, te das cuenta de que excede tu límite diario de operaciones *online* y ahora ponte a dar con alguien que te lo pueda cambiar. Os pongo este ejemplo porque me ha pasado recientemente. Cuando me dijeron que iba a tener que acercarme a la sucursal que, casualidades de la vida, está en una ciudad en la que ya no vivo, casi me da un soponcio. Si os mudáis mucho o tenéis unos horarios complicados, lo que necesitáis es un banco con un buen servicio de banca telefónica y *online* que te pueda solucionar el tomate «24/7». Para los que necesiten apoyo moral, una sucursal cercana siempre nos dará un trato más personal. Eso sí, debemos enterarnos antes de cuál es el horario de atención al cliente para no darnos de bruces con el cartel de «cerrado».

6 QUE SEA MODERNO

En los tiempos que corren, un buen servicio de banca *online* que te permita hacer todo tipo de operaciones desde el móvil, en el salón de tu casa, es un básico fundamental.

7 QUE NOS DÉ LIBERTAD

Esta, como cualquier relación, es una elección libre y no tiene por qué ser para toda la vida. Por eso hay que saber desde el principio si estamos firmando algún compromiso de permanencia que pueda suponer una penalización por incumplimiento del contrato si queremos cambiar de banco.

Además, en esto de los bancos, la poligamia no solo está permitida, sino que puede ser muy sana. Si bien tener demasiados bancos nos puede complicar la vida y ocasionar gastos de mantenimiento innecesarios, yo os recomendaría tener dos bancos de cabecera para mantener cierta flexibilidad y no pillarnos los dedos con ninguno.

8 QUE TENGA VOCACIÓN DE LARGO PLAZO

Aunque ya hemos visto que lo del banco no tiene que ser para toda la vida, ni mucho menos, como andar cambiando domiciliaciones y demás es un poco petardo, mejor asegurarnos desde un principio de que por lo menos uno de nuestros bancos de cabecera tiene un catálogo amplio de productos para cubrir no solo nuestras necesidades de hoy, sino también las de mañana, como pueden ser fondos de pensiones o de inversión, hipotecas u otro tipo de préstamos que podamos necesitar. Pensemos un poco a largo plazo.

9 QUE NOS HAGA EL TRABAJO SUCIO

Ahora que ya sabemos lo importante que es tener un buen presupuesto, nos puede interesar optar por un banco que ofrezca servicios de categorización automática de las transacciones, de agregación de cuentas de otras entidades o de monitorización de nuestros gastos y nuestros objetivos de ahorro para que nos ayude a hacer el seguimiento de nuestro presupuesto y a planificar nuestras finanzas.

10 QUE COMPARTA NUESTROS VALORES

De poco sirve andar todo el día reciclando y yendo en bici a trabajar si luego vamos a poner nuestros ahorros en manos del *lobby* procombustibles fósiles. Tengamos en cuenta que, por cada euro que nosotros pongamos en un banco, este puede dar más de doce en créditos. Es decir, el banco tiene la capacidad de multiplicar por doce el impacto de nuestros ahorros. Es fundamental que nuestro banco esté alineado con nuestros valores y nuestras preocupaciones. Hay bancos que tienen un compromiso social o ambiental de partida, pero, si no es así, una buena forma de empezar es ver si tu banco tiene un plan de responsabilidad corporativa donde detalle sus principios y sus objetivos de responsabilidad social, ambiental y de gobierno corporativo, conocidos como *criterios ASG*. También podemos mirar en las memorias anuales de cada banco los avances que haya hecho en estos campos en el último ejercicio.

TRUCOS PARA ELEGIR LOS PRODUCTOS FINANCIEROS QUE MÁS TE CONVIENEN

Ahora que ya hemos elegido banco, vamos a ver cómo evaluar un producto financiero para no dejarnos embaucar por el set de cuchillos de la teletienda o por un nombre pintón como el de las infames *preferentes*.

Por muy complicado que parezca, para evaluar cualquier producto financiero solo hace falta tener claros tres conceptos:

- **Comisiones**
- **Ataduras**
- **Intereses**

Si se trata de un producto de inversión, como veremos en el capítulo 10, a este célebre trío hay que sumarle otro no menos célebre: el riesgo, la liquidez y la fiscalidad. Y ya. No nos dejemos confundir por los palabros rimbombantes que tanto les gustan a los empleados del gremio financiero. Antes de entrar en materia y desentrañar los misterios de estos tres conceptos, un apunte:

LA REGLA DE ORO

En general, los productos que los bancos ofertan *online* tienen unas condiciones más claras y con menos letra pequeña que los que nos puedan ofrecer en una sucursal. A cambio, cuando contratamos un producto en una sucursal, podemos negociar las condiciones.

Esto ya depende de cada uno. Si no somos peleones y nos impone el señor del banco, mejor ceñirnos a los productos más estandarizados, como los que nos ofrecen *online*, pero, si nos vemos capaces de apretarle las tuercas a la subdirectora de la sucursal, siempre podremos conseguir unas condiciones algo mejoradas.

EL TRUCO DEL ALMENDRUCO

Cada banco suele tener un producto estrella cuyas condiciones son mejores que las de la competencia. Hay que intentar contratar el producto estrella de cada banco.

De las tres Marías de los productos bancarios —el tipo de interés, las comisiones y las ataduras—, la que más enjundia tiene y de la que más va a depender que un producto financiero sea atractivo o no es el tipo de interés, así que vamos a dejarlo para el final, para analizarlo con más calma.

COMISIONES: «¿CUÁNTO ME VA A COBRAR USTED POR SUS SERVICIOS?»

Las comisiones son esa amiga fea con la que nadie quiere bailar y, durante años de competencia feroz en el sector bancario, parecía que estaban condenadas a desaparecer.

El concepto era sencillo, como los bancos *online* tienen menos sucursales y menos gastos de estructura, pueden cobrar menos comisiones. Hasta ahí, todo correcto. El problema es que las comisiones, en el fondo, son lo que nos cobra el banco para cubrir lo que le cuesta a él ofrecernos sus servicios, y si no nos las cobra tiene que sacar la pasta de otra parte, como, por ejemplo, asumiendo más riesgos. No hace falta que os diga el peligro que esto tiene. Como muestra, acordaos de la crisis del 2008.

Por esto mismo, en lo que a comisiones se refiere, yo tengo una opinión poco popular: para mí las comisiones son justas y necesarias. Prefiero saber cuánto pago y por qué que encontrarme un día con que mi banco se ha metido en un lío de padre y muy señor nuestro por intentar arañar más beneficios de inversiones arriesgadas.

Dicho esto, como tampoco tengo un interés especial en financiar los yates de los banqueros, si bien estoy dispuesta a pagar por los servicios que me brindan, quiero que este precio sea justo, transparente y competitivo. Con énfasis en la transparencia. «Dime claramente cuánto me vas a cobrar para que pueda decidir si me compensa tu producto o no».

ATADURAS: «ESTO, ¿A QUÉ ME COMPROMETE?»

Muchas veces, para poder ofrecer unas condiciones más atractivas, lo que hacen los bancos es poner cláusulas en el contrato que nos obligan a casarnos un poco más con ellos, fidelizándonos a la fuerza. Las formas más comunes de hacerlo son las siguientes:

- Estableciendo una duración mínima de los contratos, de forma que, si queremos cancelar antes, nos penalizan por incumplimiento de contrato.

- Obligándonos a contratar otros productos, como un seguro de vida con la hipoteca o una cuenta corriente con la cuenta de ahorro, que a lo mejor no son tan competitivos como el que estamos negociando.
- Exigiendo que domiciliemos la nómina o un número determinado de recibos, que mantengamos un saldo mínimo en la cuenta o que hagamos un número mínimo de compras con nuestras tarjetas para que las condiciones sean más ventajosas.

Esto, como siempre, hay que analizarlo en conjunto, para ver si las comisiones bajas o el tipo de interés que nos ofrecen compensan el hecho de tener que asumir estas ataduras extras o no, asegurándonos de que no nos están cobrando las comisiones por otro lado o en otro producto.

TIPO DE INTERÉS: EL SANTO GRIAL DE LAS FINANZAS

El tipo de interés no es otra cosa que el precio del dinero, el que nos cobran cuando nos lo prestan o el que nos pagan cuando quienes ponemos la guita somos nosotros. Por eso se expresa como un porcentaje que representa los céntimos que nos dan por cada euro que prestamos o, en el caso contrario, cuánto tenemos que pagar por cada euro que pidamos prestado.

Como en esto de prestar o pedir prestado el tiempo cuenta —no es lo mismo dejar cien euros hoy para que nos los devuelvan mañana a que lo hagan dentro de diez años—, este porcentaje, a no ser que se especifique lo contrario, suele referirse a un año. Es decir, si nos dicen que el interés es del 10 %, significa que, por cada euro que pidamos prestado por un año, tenemos que pagar diez céntimos.

*** QUE NO TE LA DEN CON QUESO**

Aunque parezca inofensivo, el plazo es igual o más importante que el porcentaje. No tiene nada que ver un 2% anual que un 2% mensual, que equivaldría a un 2x12=24% anual, ahí es nada.

Tampoco es lo mismo cada cuánto se calculan los intereses, lo que se llama *periodo de devengo*. Prestad atención porque puede ser la diferencia entre morir pobre o rico.

«

GRANDES PALABROS DE LA HISTORIA FINANCIERA

El **periodo de devengo** de los intereses es la frecuencia con la que se calculan (o devengan) los intereses. Puede ser anual, trimestral, mensual, diario...

»

Volvamos a ese 10 % de interés y supongamos que se va a calcular con un periodo de devengo de un año. Eso significaría que, si pongo 100 euros, al cabo de un año me darían el 10 % de 100, es decir, 10 euros de intereses, y tendría un total de 110 euros.

Ahora imaginemos que el interés anual es el mismo, un 10 %, pero que el periodo de devengo es mensual en lugar de anual, o sea, que los intereses se calculan cada mes. Abrid bien los ojos porque me dispongo a enseñaros el truco de los ahorradores millonarios…

Pongamos, pues, que volvemos al mismo banco con los mismos 100 euros, y que los ponemos en una cuenta con un interés anual del 10 % y un periodo de devengo mensual en lugar de anual. Esto significa que, después de un mes, el banco va a calcular (o devengar) un doceavo del interés: 10 %/12 = 0,83 %, y nos va a pagar 100 × 0,83 = 83 céntimos, de manera que, al final del primer mes, tendremos en la cuenta 100,83 euros.

Al final del segundo mes, el banco volvería a hacer el cálculo, pero, como ahora en lugar de 100 euros en la cuenta tenemos 100,83 euros, el cálculo de los intereses que nos van a pagar (o devengar) sería el siguiente: 100,83 × (10 %/12) = 84 céntimos de interés. Como vemos, el segundo mes nos pagarían más intereses que el primero. ¿Por qué? Porque además de pagarnos intereses por el capital, los 100 euros originales, nos han pagado intereses por los intereses. Cada mes que pasa, la cantidad aumenta, de manera que, el tercer mes, el cálculo sería el siguiente: (100,83 + 0,84) × (10 %/12) = 85 céntimos.

Y así, por arte de birlibirloque, a final de año tendríamos 110,47 euros en lugar de los 110 que tendríamos si el periodo de devengo fuera anual. Parece poco, pero año tras año, euro a euro, puede ser mucho dinero.

LA REGLA DE ORO

Cuando los intereses son a nuestro favor, nos conviene que el periodo de devengo sea lo más frecuente posible.

Como veis en la tabla siguiente, el *tipo de interés nominal* o TIN de estas dos cuentas sería el mismo, pero el *tipo de interés efectivo* o TIE, que tiene en cuenta la duración del contrato y el periodo de devengo, ya no es el mismo.

Cantidad original	**100 €**	**100 €**
Tipo de interés nominal	**10 %**	**10 %**
Tipo de devengo	Anual	Mensual
Intereses devengados		
Mes 1	– €	0,83 €
Mes 2	– €	0,84 €
Mes 3	– €	0,85 €
Mes 4	– €	0,85 €
Mes 5	– €	0,86 €
Mes 6	– €	0,87 €
Mes 7	– €	0,88 €
Mes 8	– €	0,88 €
Mes 9	– €	0,89 €
Mes 10	– €	0,90 €
Mes 11	– €	0,91 €
Mes 12	10 €	0,91 €
Total de interés a final de año	10 €	10,47 €
Tipo de interés efectivo	10 %	10,47 %
Total en la cuenta a final de año	110 €	110,47 €

Si encima consideramos las comisiones de cada producto, lo que tenemos es la *tasa anual equivalente* o TAE, que es la que verdaderamente nos permite comparar dos productos. Por suerte, el Banco de España obliga a todas las entidades financieras a dar la TAE de los productos que comercializan, así que, si no la veis, preguntad.

«

GRANDES PALABROS DE LA HISTORIA FINANCIERA

La **tasa anual equivalente** o TAE es el tipo de interés de un producto teniendo en cuenta todo: el plazo, el tipo de devengo y, lo que es más importante, las comisiones.

»

Volvamos al ejemplo anterior y supongamos que la primera cuenta, la que tenía un interés nominal del 10 % con devengo anual, tiene una comisión de apertura de 5 euros, mientras que la otra, la de devengo mensual, no tiene comisiones.

Nuestros cálculos serían estos:

Cantidad original	**100 €**	**100 €**
Tipo de interés nominal	**10 %**	**10 %**
Periodo de devengo	Anual	Mensual
Comisión de apertura	**5 €**	**– €**
Intereses devengados		
Mes 1	– €	0,83 €
Mes 2	– €	0,84 €
Mes 3	– €	0,85 €
Mes 4	– €	0,85 €
Mes 5	– €	0,86 €
Mes 6	– €	0,87 €
Mes 7	– €	0,88 €
Mes 8	– €	0,88 €
Mes 9	– €	0,89 €
Mes 10	– €	0,90 €
Mes 11	– €	0,91 €
Mes 12	9,50 €	0,91 €
Total de interés a final de año	9,50 €	10,47 €
Tipo de interés efectivo	10 %	10,47 %
Tasa anual equivalente	**4,5 %**	**10,47 %**
Total en la cuenta a final de año	104,50 €	110,47 €

Como vemos, estos dos productos, a pesar de tener el mismo tipo de interés nominal (TIN), tienen tasas anuales equivalentes (TAE) muy diferentes porque, aunque pueda parecer que nos ofrecen un tipo de interés atractivo, si el producto tiene muchas comisiones, la rentabilidad al final es mucho menor y el tipo de interés real (la TAE) es más bajo.

LA REGLA DE ORO

Para saber qué producto financiero nos conviene más, tenemos que comparar la TAE, que, por ley, nos tiene que facilitar el banco que comercializa el producto.

Como queda bastante claro en estos ejemplos, para ahorrar nos interesará optar por productos que tengan *interés compuesto* para que los intereses se vayan sumando al capital inicial, generando más intereses, y nuestros ahorros se multipliquen sin movernos del sillón. No en vano, cuenta la leyenda que Einstein, en un arranque de euforia financiera, dijo que el tipo de interés compuesto es la octava maravilla del mundo: aquel que lo entiende lo gana y aquel que no lo entiende lo paga.

Lo contrario —cuando los intereses solo se calculan sobre el capital inicial— es lo que se llama *interés simple*. Pero, para que nos quede claro, veámoslo con un ejemplo. Supongamos que tenemos dos depósitos a plazo casi idénticos que nos ofrecen un interés del 10 % anual (por soñar, que no quede), con un periodo de devengo mensual. La única diferencia es que uno es de interés simple y el otro compuesto.

Cantidad original	**100 €**	**100 €**
Tipo de interés nominal	**10 %**	**10 %**
Periodo de devengo	Mensual	Mensual
Tipo de interés	**Simple**	**Compuesto**
Intereses devengados		
Mes 1	0,83 €	0,83 €
Mes 2	0,83 €	0,84 €
Mes 3	0,83 €	0,85 €
Mes 4	0,83 €	0,85 €
Mes 5	0,83 €	0,86 €
Mes 6	0,83 €	0,87 €
Mes 7	0,83 €	0,88 €
Mes 8	0,83 €	0,88 €
Mes 9	0,83 €	0,89 €
Mes 10	0,83 €	0,90 €
Mes 11	0,83 €	0,91 €
Mes 12	0,83 €	0,91 €
Total de interés a final de año	10 €	10,47 €
Tipo de interés efectivo	10 %	10,47 %
Tasa anual equivalente	**10 %**	**10,47 %**
Total en la cuenta a final de año	110 €	110,47 €

En el depósito con interés compuesto, los intereses que nos van dando cada mes nos van a generar más intereses en los meses siguientes, mientras que en el depósito con interés simple solo nos darían intereses por los cien euros originales.

EL TRUCO DEL ALMENDRUCO

Cuando contratamos productos de ahorro, nos interesa que el tipo de **interés** sea **compuesto**, es decir, que los intereses se vayan sumando a la cantidad inicial para generar todavía más intereses.

Otras características del tipo de interés que debemos tener en cuenta son estas:

- **Es negociable.** Que no nos duelan prendas para llamar al señor del banco. Cuando pedimos dinero, lo que nos interesa es conseguir el tipo más bajo posible, y cuando ponemos nuestros ahorros a buen recaudo, lo que queremos es que nos den el tipo de interés más alto posible.
- **Puede ser fijo o variable.** Cuando decimos que un tipo de interés es variable, significa que está referenciado a algún índice, normalmente el euríbor —el tipo de interés que se cobran los bancos europeos entre ellos—, de forma que te dirán que el tipo de interés de tu hipoteca es el euríbor + *x* %. Esa *x* % es lo que se llama *diferencial*. Cuando contratamos productos con tipo de interés variable, hay que preguntar cada cuánto tiempo se revisa el índice (suele ser una o dos veces al año) para saber cuándo van a actualizar la cuota de nuestro préstamo. Cada vez están más de moda las hipotecas mixtas, que tienen un tipo fijo los primeros años y variable a partir de un momento dado.

- **Aunque el tipo de interés sea fijo, puede cambiar.** A veces, para hacer sus productos más atractivos, los bancos nos ofrecen unos tipos mejores durante los primeros meses y, después de un tiempo, las condiciones empeoran. Por ejemplo, es habitual que una tarjeta de crédito no cobre intereses el primer mes, pero, como se nos ocurra aplazar o fraccionar el pago, el tipo de interés en los meses siguientes puede llegar a cifras estratosféricas, como el 25 %. Ahí es nada.

Ahora que ya sabemos cómo comparar y evaluar los distintos productos, vamos a ver cuáles necesitamos para gestionar nuestro día a día de forma fácil y efectiva.

LOS BÁSICOS DEL ARMARIO FINANCIERO

CUENTAS CORRIENTES

Normalmente, nuestra relación con el banco empieza el día que abrimos nuestra primera cuenta corriente o libreta de ahorro. Estas cuentas son el producto financiero básico que utilizaremos para centralizar nuestras operaciones habituales, como domiciliar el pago de recibos o la nómina, hacer transferencias, sacar dinero en un cajero o ingresar cheques.

Estas cuentas son depósitos a la vista —es decir, son muy líquidas y podemos sacar nuestro dinero cuando queramos—, están cubiertas (hasta cien mil euros) por el Fondo de Garantía de Depósitos y suelen darnos una rentabilidad (tipo de interés) muy bajo o directamente nulo por el dinero que tenemos ahí aparcado.

Como están diseñadas para operar y no para darnos rentabilidad, lo que tenemos que mirar con lupa en estas cuentas, además de que sean fáciles y cómodas de utilizar, y que nos permitan acceder *online* o por teléfono, son las comisiones, que nos cobren lo mínimo posible por las operaciones que hacemos más a menudo y por los productos que puedan tener asociados, como las tarjetas de débito o de crédito. Las comisiones más habituales son:

- **De administración o mantenimiento.** También conviene saber si hay que mantener un saldo mínimo para pagar menos comisiones.
- **Por descubierto.** Debemos saber qué comisiones e intereses nos cobran si dejamos la cuenta en números rojos y si, en tal caso, pagarían los recibos domiciliados y a qué coste o si los devolverían directamente.
- **Por transferencia** (nacionales e internacionales).
- **Por domiciliación** de cheques o recibos.
- **Por retirada de efectivo** en cajeros.

Otras comisiones menos habituales, pero a las que tenemos que estar atentos para que no nos las cobren, son por acceder a la banca *online*, por consulta de movimientos o por traspasos entre cuentas de la misma entidad.

Por otro lado, muchos bancos ofrecen condiciones ventajosas si domicilias la nómina o algunos recibos. Algunas de las ventajas de las que podemos beneficiarnos son estas:

- Anticipos de la nómina.
- Tarjetas gratis: debemos asegurarnos de que no solo son gratuitas el primer año.
- Condiciones más favorables para otros productos ofertados por el banco, como seguros o préstamos.
- Descuentos con ciertos proveedores.
- Bonificaciones sobre los recibos domiciliados.

TARJETAS

Para operar y pagar con comodidad, lo normal es que tengamos por lo menos una tarjeta de débito y una de crédito asociadas a nuestra cuenta corriente.

Para comparar entre tarjetas de débito, las características más importantes en las que debemos fijarnos son:

- El precio anual de la tarjeta (muchas son gratis solo el primer año).
- Las comisiones por pagos en monedas distintas del euro.
- Las comisiones por retirada de efectivo en cajeros de la propia red, de otras redes y en el extranjero.

En el caso de las tarjetas de crédito, además de las características anteriores, hay que mirar muy de cerca el interés, en concreto la TAE, que nos cobran si fraccionamos o aplazamos los pagos para que no nos pase como a los pobres de las tarjetas *revolving*, que estaban pagando una TAE del 25 %.

*** QUE NO TE LA DEN CON QUESO**

Aunque la contratación pueda ser un poco más engorrosa, muchas veces, para compras importantes, es mucho más barato pedir un crédito al consumo que financiar el pago con una tarjeta de crédito.

El verdadero drama de las tarjetas *revolving* surge al combinar unos tipos de interés altísimos con el fraccionamiento del pago en cantidades muy pequeñas. En este caso, el interés compuesto funciona en nuestra contra y puede llegar a arruinarnos.

Imaginemos, por ejemplo, una tarjeta con un límite de 3.000 euros que nos cobra un interés del 25 % sobre los pagos aplazados y nos permite pagar una cuota mínima de 50 euros al mes. Esto significaría que, si hacemos una compra de 3.000 euros y el primer mes solo pagamos esos 50 euros de cuota mínima, sobre los 2.950 euros que debemos tendremos que pagar $2.950 \times 0,25/12 = 61,46$ euros de interés, de manera que el mes siguiente, después de pagar los 50 euros de cuota, como no hemos cubierto ni los intereses, deberemos todavía más dinero: $2.950 + 61,46 - 50 = 2.961,46$ euros, sobre los que, el mes siguiente, se volverán a calcular los intereses, en este caso 61,70 euros. Es decir, estaremos pagando intereses sobre los intereses.

Como la cuota que pagamos es inferior a los intereses que generamos cada mes, aunque vamos pagando, cada vez debemos más dinero y no menos, entrando en un círculo vicioso del que puede ser muy difícil salir.

LA REGLA DE ORO

Nunca hay que fraccionar un pago en cuotas tan pequeñas que no cubran los intereses.

DEPÓSITOS Y CUENTAS DE AHORRO

Como hablábamos, las cuentas corrientes y las libretas están pensadas para operar y nos ofrecen rentabilidades muy bajas. Para sacarle un poco más de rentabilidad a nuestro colchón de emergencia, esos seis meses de sueldo que siempre deberíamos tener ahorrados por si las moscas, podemos pensar en un depósito a plazo, una cuenta de ahorro o una cuenta remunerada, que son productos bastante líquidos y también están cubiertos por el Fondo de Garantía de Depósitos, pero nos dan un poquito más por tener el dinero ahí aparcado.

Antes de contratar uno de estos productos de ahorro, tenemos que fijarnos en tres cosas:

- **La TAE** y también si **el interés** es fijo o está referenciado a algún índice o cesta de inversiones.
- **El plazo.** Muchas veces estos productos solo ofrecen una rentabilidad más alta durante un periodo corto, por lo que nos puede compensar contratar un producto con una TAE más modesta durante un periodo más largo.
- En el caso de los **depósitos a plazo,** conviene saber si es posible disponer del dinero antes del plazo y cuál es la **comisión o penalización por cancelación anticipada** en caso de emergencia. Hay que tener en cuenta que estas comisiones a veces no aparecen en el folleto publicitario, pero siempre tienen que estar especificadas en los contratos. Ante la duda, lo mejor es preguntar.

LA REGLA DE ORO

Para elegir productos financieros, hay que comparar las TAE para los mismos importes y los mismos plazos.

PARA NOTA

- ✓ Tu banco está registrado en el Banco de España y sabes a qué fondo de garantía está adherido.
- ✓ No tienes más de cien mil euros en cuentas o depósitos a la vista en el mismo banco. Y, si los tienes, enhorabuena. Ya quisiéramos muchos…
- ✓ No sueles pagar comisiones por sacar dinero con tus tarjetas.
- ✓ Sabes cuáles son las comisiones de tu cuenta corriente y si tienes algún compromiso de permanencia.
- ✓ Sabes cuál es la cuota anual de tus tarjetas.
- ✓ Sabes cuál es el tipo de interés de tu tarjeta de crédito por aplazar un pago.
- ✓ Tienes tu colchón de emergencia en algún producto de ahorro con una TAE competitiva.

5
Cómprate una casa a tu medida

Cada dos o tres meses, me encomiendo al patrón de las causas perdidas y abro la web del Idealista alemán. Con diligencia cuasi germana, busco nuestra zona y, para que no piensen que soy pejiguera, pongo un radio de cincuenta kilómetros alrededor de mi pueblo —no os vayáis a creer que vivimos en Manhattan, esto es un pueblo de dos mil habitantes, siete de los cuales somos nosotros—. Luego pongo nuestro límite de precio con ese margen *p'arriba* que ponemos siempre los optimistas de cuna, selecciono los metros justos para que me quepan todas las niñas unas encima de otras y, con el corazón latiendo a ritmo de película de Hitchcock, le doy a intro. Dos microsegundos más tarde, la pantalla, inmisericorde, me da su veredicto: «0 Treffer».

No hace falta saber mucho alemán para deducir que no son buenas noticias. Desde hace algunos años, me ponga como me ponga, cada vez que le doy a intro me sale eso: «No hay ninguna casa que se ajuste a su búsqueda». Ni una. Pensadlo un segundo.

Por si la depresión no fuera suficiente, para que me empiecen a enseñar algún resultado, me tengo que ir muy por encima de nuestro precio.

Lo peor es que, probablemente, si arañáramos, el banco nos daría esos euros que nos faltan para llegar al mínimo imprescindible para comprar un zulo habitable, pero yo me he hecho los números no una, sino mil veces, y sé positivamente que no nos lo podemos permitir. Y aquí seguimos, alquilando o, como dirían algunos, tirando el dinero. Así que, sin más dilación, empecemos por la polémica de siempre.

¿ALQUILAR ES TIRAR EL DINERO?

Lo voy a poner fácil: NO. Así, en mayúsculas y con todas las letras.

El alquiler, como casi todo en esta vida perra, es un gasto. Se me ocurren poquitas formas de gastar más dignas y necesarias que las cuatro paredes que te dan cobijo, seguridad, un sinfín de fondos para tus fotos de Instagram y, preparad la lagrimita, un hogar.

Otra cosa es que comprar pueda ser buena idea en muchas circunstancias —no en todas, ojo—, pero para que quede claro pongámosle un recuadro molón:

*** QUE NO TE LA DEN CON QUESO**

Alquilar NO es tirar el dinero.

Es más, comprarte una casa que no te puedes permitir o hipotecarte por encima de tus posibilidades te puede salir mucho más caro que un alquiler. Aunque nos cueste creerlo, ni la vivienda sube siempre, ni en todas partes, ni es siempre una buena inversión, ni mucho menos la mejor.

LA VIVIENDA NO SUBE SIEMPRE

Cierto es que, según en qué circunstancias, comprar una casa puede ser una buena forma de ahorrar para el futuro. Sobre todo en épocas de mucha inflación, porque el precio de la vivienda, salvando momentos de furor y desenfreno que nunca duran demasiado, no suele desmarcarse mucho del índice general de precios y —esta seguro que no os la esperabais— de los sueldos. Es decir, el precio de la vivienda, quitando algunas zonas muy solicitadas y algunas coyunturas puntuales, suele crecer al mismo ritmo que la economía en general, no más.

Como, además, comprar una casa conlleva muchos gastos asociados, no digamos ya mantenerla, la casa donde vivimos rara vez es una buena inversión, financieramente hablando. Ni falta que hace.

Nuestra casa cumple tantas funciones y tan esenciales que es lógico que represente nuestro gasto más importante. Y a mucha honra. De hecho, ver la primera vivienda como una inversión es arriesgado y nos puede poner en un aprieto. A veces no es ni un ahorro.

Si compramos una vivienda a tocateja no es que ahorremos, el dinero ya lo teníamos, sino que evitamos gastarlo en otra cosa. No es lo mismo. Si al final, cuando la vendamos, se ha revalorizado lo suficiente para compensar los años de derramas y pequeñas reformas, los gastos de comunidad, el IBI y demás impuestos y tasas, puede que entonces hayamos ahorrado algo. En un mercado normal, suele ser lo comido por lo servido. Para los que no heredamos emporios inmobiliarios la vivienda es un gasto, como mucho una forma de ahorrar, no una inversión.

Hay muchas razones por las que una casa —ojo, que aquí no estoy hablando de comprar casas como inversión, sino de la casa en la que vivimos— no es una buena inversión y, desde luego, rara vez la mejor, pero citemos algunas para los que todavía tengan dudas:

- Como vimos cuando hablamos del valor neto, **la vivienda es una inversión muy poco líquida.**
- Y, lo que es peor, te obliga a tener todo el dinero pringado, porque si la cosa se pone fea, **no se puede vender un poquito de casa,** como podríamos hacer, por ejemplo, con acciones o fondos de inversión.
- Por eso mismo, **comprar una casa limita tu capacidad de diversificar** (invertir en cosas distintas), que es la forma más efectiva, por no decir la única, de evitar riesgos excesivos.
- Además, tener todo nuestro dinero *atado* a una casa **nos puede hacer perder otras oportunidades más atractivas de inversión,** lo que se llama *coste de oportunidad,* que, en el caso del ladrillo, es muy alto.
- Por si fuera poco, comparados con otras inversiones, **los gastos asociados a la compra, el mantenimiento y la venta de una casa son muy elevados.**
- Y ya para rematar, hay otras inversiones que nos pueden dar **rentabilidades más altas con un riesgo parecido.**

¿Esto quiere decir que comprar una casa es una mala idea? Para nada, comprar una casa es una forma estupenda de ahorrar (ojo, que no he dicho de invertir) para el futuro y uno de los pilares sobre los que planificar la jubilación.

Muchos os preguntaréis por qué, si la vivienda no es tan buena inversión y tampoco sube siempre, sigue siendo tan cara. Y con razón.

Aunque pueda parecer que la culpa es nuestra porque hemos estado menos espabilados que nuestro vecino, o no hemos ahorrado lo suficiente, o no nos atrevimos a hipotecarnos por ese poquito más, la realidad es que el acceso a la vivienda en muchas zonas sigue siendo complicado. El problema es que no solo competimos con otros ciudadanos de a pie que, como nosotros, lo único que quieren es hacerse con un hogar digno donde verlas pasar, sino que en la ecuación han entrado los fondos de inversión y otros inversores que, viendo que la demanda de viviendas en alquiler se iba a disparar y que podía generar unos retornos muy curiosos, se han lanzado a comprar cuando los precios estaban bajos no una casa o dos, sino edificios y barrios enteros. Al entrar estos inversores profesionales en el mercado, los precios en estas zonas han subido y el acceso a la vivienda de los mortales con sueldos poco competitivos está más difícil que nunca. Para más inri, con el advenimiento de Airbnb y otras plataformas de alquiler turístico, muchas casas que antes eran viviendas ahora se dedican a su explotación turística, limitando la oferta todavía más.

Por desgracia, por mucha rabia que nos dé, no podemos competir con el poderío económico de los inversores profesionales, y comprar una casa que no nos podemos permitir sigue entrañando unos riesgos que no deberíamos asumir. No desesperemos. En esto, la paciencia es la madre de todas las ciencias. Más vale seguir ahorrando, euro a euro, y esperar a que los vientos cambien para poder aprovechar una oportunidad acorde con nuestras posibilidades que meternos en un fregado del que luego puede ser difícil salir.

LA REGLA DE ORO

Para el común de los mortales, una casa es un gasto o,
a lo sumo, un ahorro, pero no una inversión.
Lo importante es vivir en una casa que te puedas permitir.

LAS CLAVES PARA SABER QUÉ CASA TE PUEDES PERMITIR

En nuestro caso, por lo visto, ninguna. Por eso alquilamos, porque no hay ninguna casa para comprar en nuestra zona que cumpla los siguientes criterios de prudencia financiera para no pillarse los dedos:

- **El precio total no debe ser más que cinco veces tu salario bruto anual**. Si es menos, mejor.
- **La cuota de la hipoteca no debe superar el 30 % de tus ingresos netos mensuales.**
- Tienes que poder pagar, como mínimo, **un 20 % a tocateja** y tener otro **10 % ahorrado** para cubrir los gastos de la compraventa.
- Tienes que acabar de **pagar la casa antes de jubilarte.**

Si no cumplís alguno de estos criterios, no deberíais compraros esa casa. Y punto. Pongamos un ejemplo con numeritos para ilustrarlo mejor. Una pareja ficticia de 35 años, con sueldos brutos de 25.000 euros cada uno, podría comprarse una casa de 250.000 euros (5 veces 50.000), si y solo si tiene ahorrados 75.000 euros para la entrada y los gastos, y pide una hipoteca a 30 años cuya cuota mensual no supere el 30% de sus ingresos netos, aproximadamente 1.000 euros mensuales.

Si no cumple estos criterios, lo mejor es seguir buscando y alquilar mientras tanto. Pero, claro, si alquilamos, también hay un límite para lo que nos podemos permitir, porque además, si alquilamos, como no estamos ahorrando implícitamente para el futuro, tenemos que ahorrar más cada mes, ya sea para comprar una casa en el futuro o para la jubilación.

En este sentido, **no es prudente gastar más de un 20-25 % de nuestro sueldo en el alquiler** para poder ahorrar un 15-20 % de nuestros ingresos netos mensuales. En el caso de la pareja ficticia, el alquiler no debería ser de más de 850 euros mensuales para que pueda ahorrar esos 150 euros al mes de más para la entrada de una casa o para el futuro.

LA FÓRMULA MAESTRA

No debemos gastar más de un tercio de nuestros ingresos netos en vivienda.

Este tercio incluye todos los gastos en vivienda. Es decir, la cuota de nuestra hipoteca no debería ser de más de un 30 % de nuestros ingresos netos para que la categoría «Casa» de nuestro presupuesto no sea más que un 33% de nuestros ingresos netos si compramos, y un 25% si alquilamos.

Todo esto es muy bonito, pero la realidad de muchos es muy distinta. Nada de deprimirse si gastáis mucho más que esto en vuestra vivienda. Todos, hasta los que nos dedicamos a esto, pasamos épocas y situaciones en las que simplemente es imposible cumplir estas ratios. No hay que flagelarse por ello, porque, además, en muchas ocasiones no es culpa nuestra, sino de la coyuntura económica y de las circunstancias particulares de la zona en la que vivimos. Lo importante es saber que a medio plazo conviene ir acercándose a estas ratios y tenerlas en mente cuando estemos pensando en cambiar de casa.

ALQUILAR O COMPRAR, ESA ES LA CUESTIÓN

Con estos límites en mente, hay veces que compensa comprar y otras que conviene alquilar, por lo menos temporalmente.

Algo que hay que tener claro es que mudarse siempre es caro y, si compras, más todavía. Cuanto más tiempo pensemos vivir en una casa, más nos compensará comprarla.

Como hemos visto, si compramos con dinero que ya tenemos (la parte de la entrada, por ejemplo) no es que lo ahorremos, ese dinero ya lo teníamos. Del dinero que pedimos al banco, los intereses son directamente un gasto y la parte de la cuota con la que amortizamos el préstamo no será un ahorro hasta que no compensemos los gastos de la compra (aproximadamente, el 10-12 % del valor de la vivienda; más si hay que pagar a una agencia), y los años de derramas y pequeñas reformas, gastos de comunidad, IBI, seguros y demás impuestos y gastos asociados a la propiedad que no tendríamos en una casa en alquiler.

Teniendo esto en cuenta, los números son claros meridianos: en general —no hablamos de chollos manifiestos o de ciertas zonas que pueden sufrir revalorizaciones puntuales—, si tienes que pedir prestado el dinero, comprar compensa a largo plazo, pero no a corto. A corto te salen más caros los gastos asociados a la compra y los intereses que pagas por el dinero que no es tuyo que un alquiler equivalente. Además, en general, puedes alquilar una casa mejor de la que te puedes comprar.

El horizonte exacto en el que empieza a compensar comprar depende del caso particular de cada uno, pero para el común de los mortales suele estar entre cinco y diez años. Esto quiere decir que, **a menos que penséis vivir en una casa más de un lustro, gastaríais menos dinero alquilando que comprando.**

LA REGLA DE ORO

Comprar compensa a largo plazo; a corto plazo, es mejor alquilar.

QUÉ DEBES TENER EN CUENTA SI COMPRAS

- Como hemos visto, a largo plazo, la vivienda rara vez es la inversión más rentable, por eso no hay que poner todos los huevos en esa cesta. **Aunque compremos una casa, tenemos que seguir ahorrando para la jubilación.**
- Además, no suele recuperarse todo el dinero que invertimos en reformar una casa. A ojo de buen cubero, **el precio**

de una vivienda suele subir como mucho el 70 % de lo invertido en la reforma.

- Que tu casa no resulte una gran inversión no significa que no sea una buena compra. Lo importante es que sea una casa en la que queramos vivir durante mucho tiempo y que nos podamos permitir no ya comprarla, sino mantenerla, porque **el propietario de una casa tiene más obligaciones y más gastos que un inquilino,** como los gastos de comunidad, el IBI, las reparaciones y los costes de mantenimiento.
- Cuando decimos que no se debe gastar más de un tercio, aproximadamente el 33 %, de los ingresos netos en vivienda, este porcentaje incluye todos estos gastos. Por eso decíamos que **la hipoteca no debe representar más de un 30 % del sueldo neto.**
- Además, si tenemos una casa en propiedad, podemos tener más gastos inesperados, como una gotera. Por eso, **es importante tener un buen seguro del hogar y el colchón de emergencia siempre listo para sacarnos de un apuro.**

QUÉ DEBES TENER EN CUENTA SI ALQUILAS

Alquilar tiene muchas **ventajas:**

- Para empezar, **no es necesario tener tanto dinero ahorrado de antemano para la entrada,** y es más fácil independizarse alquilando que comprando.
- Además, **alquilar conlleva menos gastos y más claros,** puesto que no tenemos que hacernos cargo de los recibos de la comunidad ni de las derramas. Como inquilino, si hay una humedad, llamas al casero y te lavas las manos. Otra cosa es que el casero sea de los escurridizos y se haga el longuis, claro.
- **Alquilar también nos da flexibilidad.** Si las cosas van mal o nos ofrecen un trabajo estupendo en otra ciudad, es mucho

más fácil hacer las maletas y cambiarse de una casa de alquiler. La vivienda no es un bien particularmente líquido y puede resultar un lastre.

- **Alquilar nos permite también diversificar más nuestras inversiones** y destinar nuestros ahorros a otras cosas que pueden ser más rentables que una vivienda.

Pero también tiene **desventajas** que no podemos olvidar:

- La flexibilidad que nos da el alquiler es un arma de doble filo, porque dependemos del propietario, que puede subir el alquiler, reconvertir la vivienda o venderla. Esto, con los colegios de los niños y otro sinfín de ataduras, puede suponer mucho estrés. **Cuando uno alquila a largo plazo, para evitar sustos, puede compensar tener un seguro de protección jurídica para, llegado el caso, poder asesorarnos sin dejarnos un riñón.**
- Para más inri, mudarse es caro y **tampoco tenemos la libertad de reformar la casa a nuestro gusto.**
- Además, mucha gente que se siente cómoda comprando una casa no se atrevería a embarcarse en otro tipo de inversiones y, teniendo en cuenta las deducciones fiscales y que, aunque no lo parezca, el dinero sigue estando relativamente barato, **comprar puede ser una buena forma de «hacer hucha».**
- Con la edad, la cosa cambia. Pasados los cuarenta, hay que pensar muy mucho en la jubilación, y tener una casa pagada es una ventaja clara. No quiere decir que no nos podamos plantear alquilar a largo plazo, pero, en tal caso, **hay que ser más disciplinados y tomar medidas para asegurarnos de que nuestros gastos van a estar cubiertos cuando nos jubilemos.**
- Tengamos en cuenta que, **según vamos cumpliendo años, el acceso a la vivienda en propiedad se complica,** porque los plazos de las hipotecas que podemos pedir son más cortos y, por tanto, las cuotas que tendremos que pagar más altas.

COMPRAR PARA ALQUILAR, OTRA VUELTA DE TUERCA

Para los que, como nosotros, empiezan a tener una edad en la que el cuerpo pide comprar, pero no se lo pueden permitir, existe una tercera posibilidad para seguir de alquiler, pero no quedarse fuera del mercado inmobiliario, que es alquilar una casa para vivir y comprar otra para alquilar a un tercero. Esto, para gente como la que suscribe, con familias muy numerosas, o expatriados que a largo plazo piensan volver, o gente que, por las razones que sean, vive en zonas particularmente caras, puede ser la mejor opción.

HIPOTECA, DIVINO TESORO

Como muchos acabaremos comprando una casa en algún momento y la inmensa mayoría tendremos que pedir una hipoteca para hacerlo, merece la pena profundizar un poco más en cómo funcionan estos instrumentos del demonio y en qué tenemos que fijarnos antes de embarcarnos en la que, con toda probabilidad, va a ser la relación más larga de nuestra vida y uno de nuestros gastos más importantes.

Como vimos, a un producto financiero lo que hay que preguntarle es:

- Cuál es el tipo de interés.
- Qué comisiones nos van a cobrar.
- A qué nos compromete.

POR EL INTERÉS TE QUIERO, ANDRÉS

El interés de la práctica totalidad de las hipotecas que se comercializan en este momento se devenga de forma mensual y compuesta.

Es decir, los intereses se calculan todos los meses sobre el total de la deuda que nos quede por pagar, incluidos los intereses que se hayan podido acumular si la hipoteca tiene un periodo de carencia o si nos hemos saltado el abono del recibo algún mes. Esto suele ser común a todas las hipotecas, lo que varía es el tipo de interés.

Para empezar, **el tipo puede ser fijo, variable o mixto.**

- Si el tipo es **fijo** se negocia una vez, al principio del contrato, y ya. Para cambiarlo habría que renegociar la hipoteca o cambiarnos a otro banco.
- Si el tipo es **variable,** significa que está referenciado a un índice, que suele ser el euríbor. El tipo de interés que nos van a aplicar a nosotros es ese tipo de referencia más un diferencial.
- Por último, si el tipo es **mixto,** significa que se negocia un tipo fijo para un periodo determinado y, pasado este, empieza a aplicarse un tipo variable.

Las ventajas del tipo fijo son precisamente esas, que sabemos desde un principio lo que vamos a pagar hasta que la casa sea nuestra. Y las desventajas son las mismas: si firmamos una hipoteca a tipo fijo y luego bajan los tipos de interés, no nos beneficiaremos del descenso.

En momentos como los actuales, con los tipos relativamente altos, el problema es que no es fácil que el banco nos dé un tipo fijo competitivo.

Un tipo variable puede compensar en momentos como el actual de tipos relativamente altos con perspectiva de bajar. Normalmente, en un momento dado, el tipo fijo que podamos negociar va a ser más caro que el correspondiente euríbor más el diferencial.

Ahora mismo, el problema del tipo variable es que, aunque parece que a corto y medio plazo los tipos van a bajar, nadie nos garantiza que no vayan a volver a subir en el futuro, por lo que, si optamos por una hipoteca variable, hay que estar seguros de que todavía podemos asumir alguna que otra subida de la cuota.

Para rizar el rizo y, sobre todo, para mejorar su rentabilidad, los bancos se han sacado un tercer tipo de hipoteca de la manga: las hipotecas de tipo mixto. Te las venden dándote un fijo (para el periodo inicial) mejor que el fijo que podrías negociar para toda la hipoteca, con lo cual, en principio, la cuota sale algo más barata.

El problema es que, dentro de diez años, o cuando quiera que el tipo pase a ser variable, el diferencial probablemente no sea tan competitivo como los de una hipoteca variable. En momentos como el actual, una hipoteca mixta puede compensar si conseguimos negociar un tipo fijo muy competitivo para la primera parte y sobre todo si creemos que vamos a poder hacer amortizaciones anticipadas y acabar de pagar la hipoteca poco después o, incluso antes, de que el tipo pase a ser variable. Pero hay que tener en cuenta que si, como se prevé, los tipos tienden a bajar en los próximos meses, a corto plazo vamos a pagar más que con una hipoteca variable.

Durante todos los años en los que los tipos estuvieron bajo mínimos, la cosa estaba clarísima y mi consejo era tajante: negociar un buen fijo con uñas y dientes. Por desgracia, las circunstancias han cambiado y la respuesta es mucho más gris: depende.

Al final, ahora la decisión depende del riesgo que queramos y, sobre todo, podamos asumir y de las condiciones que podamos negociar con nuestro banco. Si vamos a optar por un tipo fijo, lo ideal es pedir la hipoteca más corta posible y la menor cantidad posible para pagar menos intereses en total. Si nos tiramos a por una variable, lo importante es no pillarse los dedos con cuota y contar con que, aunque los tipos bajen en el corto plazo, pueden volver a subir en el medio o largo plazo. Y, lo dicho, si creemos que vamos a poder hacer amortizaciones anticipadas importantes y no queremos pillarnos los dedos con la cuota, puede que una hipoteca mixta sea una buena opción.

VENTAJAS DE UNA HIPOTECA DE TIPO FIJO

- Al negociar un tipo fijo, nos quitamos el riesgo asociado al tipo de interés de un plumazo y sabemos lo que nos va a costar la casa desde el minuto uno.
- De cara a planificar, tener esta visibilidad sobre el que posiblemente sea nuestro gasto más importante nos puede permitir tener más margen de maniobra para otras cosas.
- Pero es verdad que, si contratamos una hipoteca a tipo fijo antes de que los tipos hayan acabado de bajar, puede que no seamos capaces de negociar un tipo fijo lo suficientemente competitivo y que nuestra hipoteca se quede cara.
- En cualquier caso, si en algún momento nos parece que no tenemos una hipoteca competitiva, siempre podemos renegociarla o refinanciarla en otro banco (hay que estar atentos a las condiciones y a las comisiones de subrogación —las que te cobran por cambiar la hipoteca de banco—, y de novación —las que te cobran por cambiar las condiciones de tu hipoteca).

Como el banco no quiere pillarse los dedos, cuanto más largo sea el plazo de la hipoteca, más alto será el tipo de interés.

EL TRUCO DEL ALMENDRUCO

Dentro de los parámetros de prudencia financiera, siempre y cuando la cuota no supere el 30 % de nuestros ingresos, cuanto más corto sea el plazo, mejor.

VENTAJAS DE UNA HIPOTECA DE TIPO VARIABLE

Dicho esto, ahora que el euríbor por fin empieza a bajar, nos puede compensar contratar una hipoteca con tipo variable si…

- Vamos bastante holgados con la cuota y podemos asumir subidas de los tipos en los próximos años.
- Podemos negociar un diferencial competitivo que nos haga la vida más fácil si en el futuro vuelven a subir los tipos.

VENTAJAS DE UNA HIPOTECA DE TIPO MIXTO

Como hemos visto, ahora que parece que los tipos van a bajar, aunque probablemente una hipoteca mixta no sea la mejor opción a corto plazo, puede ser interesante si…

- Tenemos expectativas de ir amortizando capital para acortar el plazo, por ejemplo, si una parte importante de nuestros ingresos es variable, o si, por lo que sea, esperamos tener ingresos extraordinarios, como un bonus, una herencia o la venta de alguna propiedad.
- De esta manera podríamos beneficiarnos de un tipo mejor sin pillarnos los dedos con la cuota durante la parte fija, e ir acortando, amortizando plazo en lugar de cuota, la parte variable de la hipoteca para reducir el riesgo de que el día que pasemos a variable los tipos estén más altos y, encima, tengamos un diferencial peor que el de una hipoteca puramente variable.

LAS COMISIONES CLARAS Y LA TAE ESPESA

Ya que nos vamos a esmerar en negociar un buen tipo con uñas y dientes, no debemos dejar que las comisiones se *coman* nuestros esfuerzos. En este sentido, como vimos en el capítulo 4, es importante fijarnos en la TAE para comparar hipotecas.

Las comisiones más comunes que suelen llevar asociadas las hipotecas son estas:

- **De estudio y apertura.** Cada vez hay más bancos que no cobran estas comisiones, así que hay que intentar evitarlas.

Pero, ojo, porque a veces lo que hacen para cubrir estos gastos es ponernos un tipo de interés más alto el primer año.

- **De novación,** si pretendes renegociar tu hipoteca en algún momento.
- **De subrogación,** si quieres cambiar de banco a mitad del contrato.
- **De la cuenta asociada** al pago de la hipoteca.
- **De cancelación o amortización anticipada,** si quieres ir haciendo pagos extraordinarios.

Hay que pelear por reducirlas todas al máximo, pero hay una en particular que yo intentaría evitar a toda costa: la **comisión por cancelación o amortización anticipada** (o cualquier letra pequeña que nos impida cancelar nuestra hipoteca total o parcialmente antes de tiempo). ¿Por qué? **Porque ir amortizando nuestra hipoteca por adelantado, reduciendo el plazo en lugar de la cuota, es una de las formas más fáciles de abaratar el coste financiero (en intereses)**, sobre todo si estamos en los primeros años del contrato.

Me explico: aunque la cuota de nuestra hipoteca sea constante, la parte de dicha cuota que va a pagar intereses y la que va a amortizar capital no lo es. Como al principio le debemos muchísimo dinero al banco, una parte muy importante de la cuota, casi la mitad, va destinada a pagar los intereses sobre ese dinero que debemos. A medida que vamos devolviendo el dinero y le debemos menos al banco, los intereses que tenemos que pagar se reducen y cada mes vamos devolviendo más dinero y pagando menos intereses. La diferencia más extrema es entre la primera cuota, de la cual casi la mitad irá a pagar intereses, y la última, que irá prácticamente íntegra a amortizar capital.

Esto es lo que se llama *sistema francés de amortización* y significa que, al principio de una hipoteca, estamos ahorrando poco y pagando muchos gastos financieros, mientras que, al final, pagamos pocos gastos y ahorramos mucho. Por eso compensa más amortizar al principio de un préstamo, para pagar menos intereses, que al final. Y también por eso, comprar compensa a largo plazo, porque cuando verdaderamente dejamos de gastar y empezamos a ahorrar es al final del préstamo.

Imaginemos una hipoteca de 100.000 euros a 30 años con un tipo fijo del 2 % y una cuota mensual de 370 euros. Aunque todos los meses, durante los 30 años, vamos a pagar 370 euros, el primer mes, de esos 370 euros, solo 203 van a amortizar el préstamo. El resto, 167 euros, son para pagar intereses. En el polo opuesto, pasados 30 años, la cuota irá prácticamente íntegra a amortizar la hipoteca.

Para que lo veáis claro, aunque todos los meses pagamos lo mismo, la proporción que es ahorro y la parte que son gastos evolucionaría así:

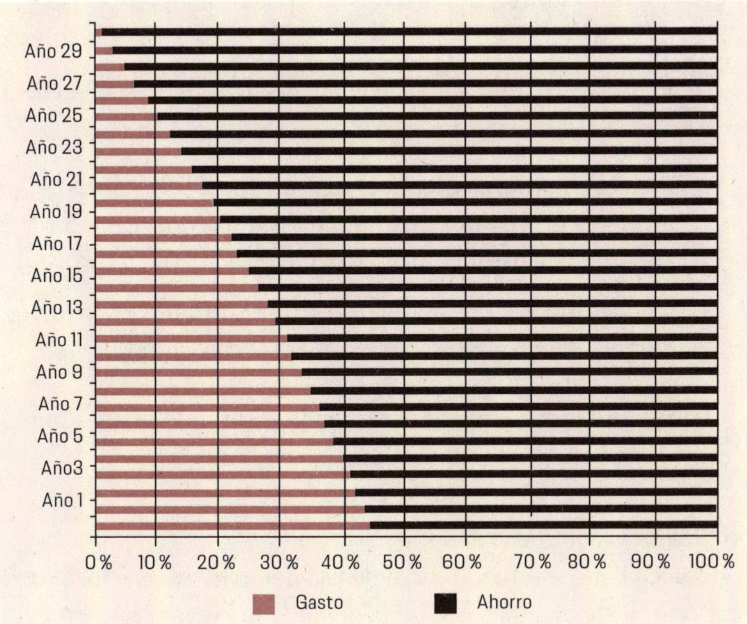

Cuando os decía que yo, con mi TOC sin medicar, desgloso las cuotas de los préstamos, me refería a esto. En nuestro presupuesto, clasifico como «Ahorro» la parte de la cuota que realmente va a amortizar la deuda, y la parte de intereses la clasifico como lo que es, en «Gastos financieros». De esta manera sé que solo la parte que está disminuyendo mi deuda me está ayudando a aumentar mi valor neto.

Es interesante que le pidamos al banco un cuadro de amortización para tener claro en cada momento cuánto estamos ahorrando realmente y cuántos intereses estamos pagando. No hace falta que hagamos nosotros el trabajo sucio de calcular.

LA REGLA DE ORO

Para pagar menos intereses, podemos amortizar por adelantado, reduciendo el plazo de la hipoteca en lugar de la cuota.

Por suerte, legalmente, las comisiones por amortización anticipada están limitadas a un máximo que, ahora mismo, es:

- **Para las hipotecas con tipo variable,** un 0,15 % durante los primeros cinco años, o un 0,25 % durante los primeros tres años, y nada pasados esos plazos.
- **Para las hipotecas con tipo fijo,** un 2 % durante los primeros diez años y un 1,5 % a partir de entonces.

Otra posibilidad es negociar un máximo que se puede amortizar cada año sin pagar comisiones.

ATADURAS, LAS JUSTAS

Como los bancos saben lo suyo de eso del *marketing*, y lo de *obligaciones* o *condiciones* no suena demasiado bien, se han buscado una forma más molona de llamar a estas ataduras que muchas veces nos imponen cuando contratamos una hipoteca: las famosas *bonificaciones*.

Estas bonificaciones hay que verlas como lo que son: condiciones para conseguir el tipo más atractivo que nos suelen atar más al banco en cuestión. Aunque ahora existen bonificaciones ligadas a los certificados energéticos y otras virguerías medioambientales, podemos clasificar las más comunes en tres grandes grupos:

1 DOMICILIACIONES

La más común de todas y la que más sentido tiene es la de **domiciliar la nómina** para asegurarse de que, si la cosa se pone fea, tienen el acceso más rápido a nuestros ingresos. A veces, nos pueden obligar también a domiciliar **algunos recibos** o a hacer un **número mínimo de pagos con las tarjetas de crédito y débito.** Esto, siempre y cuando la cuenta asociada a la hipoteca no tenga unas comisiones desorbitadas y sean cosas que hacemos normalmente, es razonable.

2 CONTRATACIÓN DE SEGUROS

Otras condiciones comunes que hay que mirar con lupa son la obligación de contratar el seguro de la vivienda y un seguro de vida que cubra la hipoteca a través del banco en cuestión. En principio, estas obligaciones tampoco son para echarse las manos a la cabeza, porque es bastante sano, por no decir imprescindible, contratar estos productos que garantizan que podremos pagar nuestro préstamo. Lo importante es que no nos cuelen un gazapo y comparar un poco para asegurarnos de que son competitivos. La ley establece que, aunque el banco puede obligarnos a contratar ambos seguros, no puede obligarnos a contratarlos con ellos, aunque pueden darnos una bonificación si lo hacemos. Otra cosa es que nos quieran obligar a contratar seguros no relacionados con la casa, como seguros de salud, de accidentes o de incapacidad, que nos pueden salir muy caros y no ajustarse a nuestras necesidades. A este caballo hay que mirarle mucho el diente.

3 PLANES DE PENSIONES Y OTROS PRODUCTOS DE PREVISIÓN E INVERSIÓN

Esto ya es harina de otro costal y hay que andar con mucho ojo antes de comprometerse a nada. Que nos compense contratar este tipo de productos depende mucho de su rentabilidad, de su riesgo y de que tengamos la flexibilidad para reajustar nuestras inversiones según nuestras necesidades y la fase vital en la que nos encontremos.

En este sentido, si nos quieren obligar a contratar este tipo de productos, es importante saber cuánto tiempo debemos tenerlos para mantener la bonificación sobre el tipo de interés. Si nos obligan a casarnos con estos productos, ya sean planes de pensiones, fondos de inversión u otros planes de previsión, a largo plazo quizá no nos interese.

Por último, por ley, el banco tiene que pagar los gastos de notario, la gestoría, la inscripción en el registro de la propiedad y el impuesto sobre actos jurídicos documentados, más conocido como IAJD, pero algunos cubren también la tasación. Por pedir que no quede.

QUE NO TE LA DEN CON QUESO

Antes de firmar una hipoteca hay que...

- Evaluar el pack completo con tipos de interés, comisiones, gastos y obligaciones de todos los productos que nos obliguen a contratar.
- Entender todas y cada una de las cláusulas del contrato de hipoteca y de todos los productos asociados y preguntar todo lo que no nos quede claro.
- Comparar ofertas por lo menos de tres bancos. Acordaos de que hay que comparar las TAE para el mismo importe y el mismo plazo.

PARA NOTA

- ✓ No gastas más de un 33 % de tu sueldo neto en vivienda, incluyendo los gastos (pero sin presión, la vida es muy larga y hay tiempo para salir de cualquier aprieto).

Si vives de alquiler:

- ✓ Estás ahorrando para comprarte una casa o para la jubilación.
- ✓ El alquiler no es más de un 25 % de tus ingresos netos o estás esperando pacientemente a que los precios en tu zona bajen de la estratosfera.
- ✓ Tienes un seguro de protección jurídica.

Si vas a comprar o ya has comprado:

- ✓ Quieres vivir en esa casa más de cinco años.
- ✓ Vas a acabar de pagar la casa antes de jubilarte.
- ✓ La cuota de la hipoteca no es más de un 30 % de tu salario neto.
- ✓ La hipoteca no tiene comisiones por amortización anticipada.
- ✓ Has comparado ofertas de al menos tres bancos distintos.
- ✓ Sabes exactamente cuánto vas a pagar y por qué.
- ✓ Te has leído toda la letra pequeña y entiendes todas tus obligaciones y compromisos.

6
Elige bien tu deuda

Os voy a confesar una cosa. Lo primero que el padre de mis criaturas y yo tuvimos en común fue un crédito al consumo que pedimos para un viaje que al final no hicimos. Pero el dinero nos lo gastamos, claro, y luego pagamos nuestras cuotas religiosamente con un interés que, si no recuerdo mal, andaba cerca del 8 %.

En otras palabras, la primera decisión que tomamos juntos fue una catástrofe, financieramente hablando. De ahí a traer cinco hijas a este mundo incierto y otros apocalipsis monetarios, un paso.

Por aquel entonces, yo trabajaba ya de analista financiera, haciendo unos modelos complicadísimos para asegurar catástrofes naturales y ataques terroristas. Obviamente, la cuenta de la vieja para saber cuánto me iba a costar ese dinero que no necesitaba me la sabía de sobra. Como también sabía de sobra que los dos tintos de verano que me tomé anoche eran una bomba de azúcar en vena que lo único que me iban a dar era resaca y, aun así, me quedé con ganas de un tercero.

Con esto quiero decir que la vida es muy larga y la fuerza de voluntad muy cansina, y que errores, incluso a sabiendas, cometemos muchos. Muy a mi pesar, hay veces en la vida que la decisión más prudente no es necesariamente la única, ni siquiera la mejor.

Dicho esto, lo que es innegable es que, salvo contadas excepciones, los créditos al consumo son trampas al solitario. Si no me creéis, id a pasar una temporada con una familia de clase media americana para ver los estragos que un exceso de deuda puede hacer y, ya de paso, parémonos un momento para agradecer una educación universitaria pública de calidad que nos evita empezar nuestra carrera profesional con un lastre de deuda que podemos arrastrar hasta la jubilación.

¿TODA LA DEUDA ES MALA?

En absoluto. Es más, gran parte del desarrollo económico ha sido posible gracias a la facultad de prestar y pedir prestado dinero. Si todos tuviéramos que financiar nuestros proyectos a tocateja, casi nadie podría comprarse una casa o montar un negocio. Gracias a los préstamos, los ciudadanos de a pie tenemos acceso a muchas cosas que, de otra forma, solo estarían al alcance de los ricos.

Así que no, endeudarse no siempre es malo. Es más, es una forma muy democrática de medrar. Otra cosa es que endeudarse tenga un precio que hay que pagar en forma de intereses.

Realmente, la deuda es el yin del yang del ahorro y, bien utilizados, cada uno en su justa medida, nos dan las herramientas necesarias para repartir el *frosting* de la tarta económica. Si el ahorro nos vale para diferir gastos al futuro, la deuda nos permite lo contrario, adelantarlos. Por eso, cuando nos endeudamos, lo que estamos haciendo es pedirle dinero a nuestro yo del futuro para ir a pachas en algo y pagarle un precio al intermediario, el banco o quienquiera que nos deje el dinero.

LAS CLAVES PARA SABER CUÁNTO TE PUEDES ENDEUDAR

Como con casi todo, la clave está en la dosis. Mientras que una cierta cantidad de deuda puede ser buena para nuestra salud financiera, si nos pasamos de la raya, nos puede salir carísimo, y puede, literalmente, hundir nuestras finanzas.

La buena noticia es que la regla es muy sencilla...

LA FÓRMULA MAESTRA

La suma de todas las cuotas de nuestros préstamos, incluida la hipoteca, no debe ser superior al 40 % de nuestros ingresos netos.

Si hemos sido aplicados y nuestra hipoteca, como dijimos, no supera el 30 % de nuestro sueldo neto, todavía tendríamos capacidad para endeudarnos un poquito más para otras cosas, pero, si, como es el caso de mucha gente, nuestra hipoteca supone un esfuerzo superior al 40 % de nuestros ingresos, la ecuación es fácil: no debemos endeudarnos más. Si alquilamos, nuestro alquiler más las cuotas de todos nuestros préstamos tampoco debería superar ese 40 % de nuestros ingresos netos.

Además, como vimos cuando analizamos el valor neto, **nuestra deuda total, lo que nos queda por pagar de todos nuestros préstamos, no debería ser más que nuestro valor neto.**

Pero, cuidado, que tengamos capacidad para asumir más deuda no significa que debamos hacerlo.

TRUCOS PARA DISTINGUIR LA DEUDA BUENA DE LA MALA

Esto de la deuda es un poco como lo de las setas. A veces, la deuda sana, la que alimenta y nos puede ayudar a crecer, es muy difícil de distinguir de la venenosa, que se nos puede atragantar y ahogarnos. Y, como con las setas, lo que hay que tener son los ojos muy abiertos para buscar ese rasgo característico que nos va a sacar de dudas.

En el caso de la deuda, la diferencia está en el destino del dinero que pedimos prestado. No hay otra.

> **LA REGLA DE ORO**
>
> Solo hay que endeudarse para pagar cosas que puedan incrementar nuestros ingresos o nuestro valor neto.

Es decir, para comprar o invertir en cosas que vayan a sumar en nuestra columna de activos o que nos permitan ganar más dinero. Pero, ojo, porque para toda regla hay una excepción:

> **LA EXCEPCIÓN DE ORO**
>
> Nunca hay que pedir un préstamo para inversiones de alto riesgo, como la bolsa, el oro, las criptomonedas o lo que quiera que diga el vecino que va a ser el próximo *hit* de la inversión. Y tampoco para invertir en un negocio que no sea nuestro.

Para invertir en negocios ajenos, solo podemos tirar de ahorros, nunca —repito, nunca— de deuda.

Huelga decir que aquel crédito que pedimos para ir no me acuerdo ni adónde no pasaba la prueba del algodón. Pero veamos con algunos ejemplos concretos las razones legítimas para pedir un préstamo y las que no pasarían la criba:

- Fraccionar el pago con la tarjeta de crédito para comprarte los zapatos que llevaba esa actriz tan mona en Instagram: NO CUELA.
- Pedir un crédito para pagar un **máster** que te va a permitir acceder a un puesto de trabajo mejor pagado: CUELA.
- Pedir un crédito para **cambiar la decoración de tu casa** de arriba abajo porque el estilo *boho chic* ya no se lleva: NO CUELA.
- Pedir un préstamo para **montar un negocio:** CUELA.
- Endeudarse para invertir en **el negocio que va a montar tu cuñado:** reconozco que la diferencia es sutil, pero, sintiéndolo mucho, NO CUELA.
- Pedir un crédito para una **reforma:** CUELA, PERO CON CONDICIONES. Como hemos visto, nuestra casa solo se suele revalorizar en un 70 % del valor de la reforma. Es decir, si nos gastamos 20.000 euros en una reforma, lo normal es que el precio de la casa y, por ende, nuestro valor neto solo suba unos 14.000 euros, así que no conviene endeudarse por más de ese 70 %.
- Meterse en un crédito para comprar **acciones** de la empresa del próximo Bill Gates o la nueva criptomoneda de turno que te va a hacer millonario sin duda ninguna: Nunca. *Never*. JAMÁS.

*** QUE NO TE LA DEN CON QUESO**

Nunca hay que endeudarse para invertir, a no ser que sea en tu propio negocio.

- Otro tipo de deuda extremadamente peligroso es pedir un préstamo **para pagar otro préstamo.** No hace falta que lo diga, pero, por si las moscas, NO CUELA. Si nos vemos en una situación en la que no vamos a poder hacer frente a las cuotas de nuestros préstamos, lo mejor es afrontarlo y sentarse con el banco para valorar las distintas opciones, ya sea negociar una moratoria, renegociar los plazos o las cuotas, o hacer un plan más completo para consolidar o refinanciar nuestras deudas. Lo importante es no esperar a que llegue la sangre al río, los bancos y las instituciones de crédito se enfrentan a situaciones así a diario y disponen de mecanismos para gestionarlo. En esto, ya se sabe, más vale ponerse una vez colorado.
- Hasta aquí todo muy fácil, pero metamos el dedo un poco más en la llaga… ¿Qué pasa con las **bodas y** las **comuniones?** ¿Vale endeudarse para el bautizo del primogénito? Teóricamente, no. En estas situaciones, lo ideal es ahorrar, poniéndose objetivos, o ser espabilados y conseguir que los invitados financien el convite con sus aportaciones. A las malas, pedirle un adelanto a un familiar o a un amigo y, si no vemos otra manera, es la ilusión de nuestra vida y tenemos que financiar una parte, no caer nunca en el «ya que estamos, pido un poquito más para poner el bufé de chucherías». En principio no hay que endeudarse para este tipo de cosas, pero, llegado el caso, hay que pedir solo el minimísimo imprescindible para pagarlo, como máximo, en un año.
- ¿Y los **electrodomésticos**? ¿Aceptamos barco? Este es el típico caso límite. Si hemos hecho bien los deberes y tenemos un buen presupuesto, siempre estaremos preparados para estos imprevistos y no hará falta financiar este tipo de compras. Pero pongamos que hemos andado un poco renqueantes y se nos ha roto la nevera en mal momento. En este caso, lo que hay que intentar es comprarla en un sitio

que nos ofrezca pagos fraccionados sin intereses, aunque esto signifique buscar un poquito más o irse un poco más lejos. Haberlos haylos.

- ¿Y para comprar una **segunda vivienda** o una **casa para alquilar**? En este caso se trata de préstamos garantizados en los que ponemos la casa en prenda. Por eso son más baratos y, si nos atenemos a los principios de prudencia financiera y no nos endeudamos por encima de nuestras posibilidades, sí que pueden contribuir a incrementar nuestro valor neto e incluso ser una fuente adicional de ingresos. Así que, si nos los podemos permitir, SÍ CUELA.

LA MADRE DE TODAS LAS RUINAS: EL COCHE

Ya sabéis que el temita de los coches me tiene hablando sola. Si me muero en la pobreza más absoluta será por culpa de estos artilugios de Satanás. Pero, por suerte o por desgracia, para muchos lo de tener coche, más que una opción, es una obligación y, como son tan terriblemente caros, pero pierden el valor en un abrir y cerrar de ojos, necesitan una mención especial.

Antes de entrar en materia, un consejo: si no lo necesitáis sí o sí para ir a trabajar o sobrevivir, financieramente hablando y con todas las opciones de movilidad que hay hoy en día, es mucho mejor no tener coche que tenerlo. Y punto.

Pero para los mortales que por desgracia necesitamos uno, y hasta dos, para sobrevivir, lo ideal es:

- **Comprar un coche de segunda mano.** Los coches pierden la mayor parte de su valor los tres primeros años, así que perderemos menos dinero si compramos un coche de segunda mano. Es más, nada más sacarlo del concesionario, tu coche ya ha perdido un 20 % de su valor.

- **Cambiar de coche lo menos posible,** o, dicho de otra forma, conducir tu coche hasta que le fallen las ruedas. Financieramente hablando, una vez que ya hemos amortizado el coche, pasados unos cinco años desde la compra, lo ideal es seguir conduciéndolo hasta que el cuerpo aguante.
- Y, para que esto sea posible, sale a cuenta cuidar bien el coche, aunque esto suponga gastar más en **hacerle todas las revisiones puntualmente.**
- Planificar bien y pagar los coches al contado con el dinero que hemos ahorrado para ello. Si no es posible y tenemos que pedir un préstamo:

— Dar una **entrada lo más alta posible.**

— **Financiar el préstamo en el plazo más corto** que nos podamos permitir, a un **máximo de cinco años,** para no quedarnos con un coche que valga menos que lo que nos queda por pagar.

— Fijarse bien en el **importe de la cuota final,** porque para ofrecernos una cuota mensual más baja a veces estos préstamos tienen una cuota final muy alta que, si no la hemos tenido en cuenta, nos puede pegar un susto de padre y muy señor nuestro.

— Si además podemos financiarlo con un **préstamo que permita la amortización anticipada sin coste,** mejor que mejor. Como vimos, cuanto antes paguemos el coche, más barato nos va a salir. Además, **no se puede vender un coche que no está pagado,** por lo que es importante tener la opción de cancelar el préstamo anticipadamente.

— Ojo con las **comisiones de estudio, apertura y cancelación.** Ya sabéis, lo importante es comparar las TAE de varias ofertas con el mismo importe y plazo.

— Hay que fijarse también en si el préstamo tiene alguna **cláusula que limite el número de kilómetros** que se pueden hacer al año, o alguna **obligación,** como hacer las **revisiones en talleres oficiales.**

LA REGLA DE ORO

No te compres un coche que no te puedes permitir.

Si, como el padre de mis criaturas, lo utilizas muchísimo por razones de trabajo y necesitas imperiosamente estrenar coche cada cinco años, entonces te puede interesar optar por alguna forma de financiación alternativa como un *leasing* (para autónomos o empresarios) o un *renting*. Estas modalidades solo valen para coches nuevos.

- **El leasing** es un alquiler con opción a compra, pero solo lo pueden contratar empresas o autónomos. Al final del contrato, que suele durar entre dos y siete años, tenemos la opción de comprar el coche pagando el valor residual que se ha pactado de antemano en el contrato. Si no nos interesa, se puede prorrogar el contrato negociando una nueva cuota mensual o devolver el coche. La principal ventaja es que, si utilizas el coche para el trabajo, el *leasing* se puede desgravar en el impuesto sobre sociedades si lo contrata una empresa, o en el IRPF en el caso de los autónomos.
- **El renting** es un alquiler a largo plazo que normalmente dura entre uno y cinco años y que no tiene opción de compra al final. Es decir, el coche no es tuyo. Cuando se acaba el contrato, hay que devolverlo. Las cuotas de un *renting* suelen ser más altas que las de un *leasing*, pero, a cambio, están incluidos otros gastos del coche como los impuestos de matriculación y circulación, el seguro a todo riesgo,

las revisiones y reparaciones, los cambios de neumáticos, etcétera. Los particulares también podemos contratar un *renting*, pero no tendríamos ninguna ventaja fiscal. Los autónomos y las empresas que utilicen el coche para la actividad profesional sí pueden contabilizar las cuotas o parte de ellas como gastos en el impuesto sobre sociedades o en el impuesto sobre la renta de las personas físicas (IRPF).

¿QUÉ HAY QUE TENER EN CUENTA ANTES DE FIRMAR UN PRÉSTAMO?

Antes de cerrar este capítulo, recordemos las tres cosas que tenemos que valorar antes de contratar un préstamo personal o un crédito al consumo:

1 EL TIPO DE INTERÉS

Como con las hipotecas, el tipo puede ser fijo, variable o mixto. En general, los préstamos sin garantía son más caros que los que tienen algún tipo de bien en prenda, como las hipotecas, porque el riesgo para el banco es mayor.

2 LAS COMISIONES

Para saber exactamente cuánto nos va a costar el préstamo, hay que comparar las TAE entre préstamos por el mismo importe y la misma duración. Como siempre, debemos comprobar que el préstamo no tenga comisión por amortización anticipada.

3 OTRAS OBLIGACIONES Y ATADURAS

Ojo con todo lo que nos pueda obligar a casarnos con el banco. Si el banco no acaba de fiarse de que vayamos a poder devolver el préstamo sin problemas, es posible que nos pidan un avalista, una persona que se comprometa a hacer los pagos si nosotros no podemos.

LA FÓRMULA MAESTRA

Cuanto más corto sea el plazo del préstamo, menos intereses vamos a pagar.

LA DEUDA DEL «NUNCA JAMÁS»

Ya lo vimos con las tarjetas *revolving*, pero repitámoslo por si las moscas:

*** QUE NO TE LA DEN CON QUESO**

Nunca hay que aceptar una deuda que permita pagar una cuota tan pequeña que no cubra los intereses.

Si la cuota mensual es inferior a los intereses, cada mes, aunque vayamos haciendo pequeños pagos, deberemos más dinero en lugar de menos, y nuestra deuda, como una bola de nieve, irá aumentando sin que nos demos ni cuenta.

PARA NOTA

- ✓ Solo te has endeudado para comprar productos o hacer inversiones que pueden aumentar tu valor neto o tus ingresos.
- ✓ No has pedido ningún préstamo para inversiones de alto riesgo, como la bolsa, el oro, las criptomonedas o el negocio de tu cuñado.
- ✓ La suma de todas las cuotas de tus préstamos no supera el 40 % de tus ingresos netos.
- ✓ La suma de todo lo que te queda por devolver de tus préstamos es inferior a tu valor neto.
- ✓ Te has comprado un coche que te puedes permitir.
- ✓ Todas las cuotas de tus préstamos o tarjetas cubren, por lo menos, los intereses.

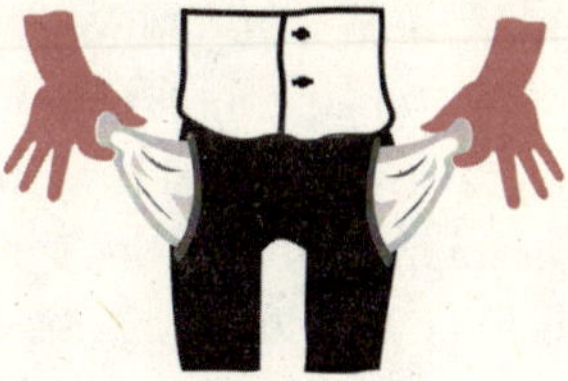

7
Ponte en lo peor

Supongo que lo suyo sería decir que el mejor día de mi vida fue el día que me convertí en madre o, como alternativa digna, aquel 7 de febrero cuando en lugar de «sí quiero» dije «ja» con un acento irreconocible. Pero, sinceramente, el mejor día de mi vida fue, de calle, el día antes de que nos confinaran por el dichoso coronavirus.

Y no, como tantos otros, no lo vi venir.

No es que fuera un día especial. Si no recuerdo mal, puse un par de lavadoras, planché un poco y comimos trucha con ensalada, pero tenía la sensación de que, por fin, las piezas del puzle maratoniano que es mi vida empezaban a encajar: me habían aceptado para hacer un curso bastante selectivo, tenía un proyecto entre manos que no me iba a dar dinero, pero que me hacía mucha ilusión, y sabía exactamente a qué quería dedicar el próximo año de mi vida. Hasta que mi marido colgó el teléfono y me comunicó que bajaban todos los sueldos un 25%. Veinticinco... Por ciento... Efectivo ya mismo. A la mierda mi puzle, el curso de mis sueños que iba a empezar en apenas dos semanas y mi plan de trabajo por amor al arte.

Lo primero que hice, aparte de llorar como una Magdalena, fue abrir el Excel, meterle el susodicho hachazo a la categoría de «Trabajo» y cruzar los dedos. Para mi desgracia, y la de todos los que tuvieron que aguantarme durante las semanas siguientes, mirando al infinito con los ojos vidriosos, los números no dejaban lugar a dudas: ni curso ni amor al arte ni *na*, tocaba ocuparse del vil metal y poner mi granito de arena para cubrir ese 25 %. En nuestro caso, era imposible compensar ese descalabro cortando gastos, sin cancelar todos los planes que teníamos, así que, en lugar de dármelas de mujer realizada y dedicarme a hacer proyectos altruistas, me tuve que poner a buscar proyectos de los que llenan menos, pero pagan más. Y dando gracias, claro.

La moraleja de esta triste historia con final relativamente feliz no es que lo del karma sea una canallada —aunque también—, sino que su capacidad de sorprendernos es infinita y que, por mucho que pensemos que lo tenemos todo bajo control, la vida va a encontrar la manera de buscarnos las cosquillas cuando menos lo esperemos.

Porque yo, como buena agonías por naturaleza, estaba preparada para que nos vinieran mal dadas y tenía un plan de emergencia la mar de apocalíptico para el hipotético caso de que nos pusieran de patitas en la calle. Para lo que no estaba tan preparada era para este apocalipsis de garrafón con el que nos tocó lidiar: un bajón de ingresos suficiente para hacer mella en nuestro presupuesto, pero no tan dramático como para tomar medidas drásticas. Y encima sin tener ni pajolera idea de si la cosa iba para un mes o dos años.

Por eso es tan importante estar preparado para cualquier embestida y tener las herramientas necesarias para adaptarnos rápidamente cuando vienen mal dadas, porque, en situaciones de crisis, no solo importa lo que hagas, sino cómo de rápido lo hagas para minimizar daños y evitar que un bache puntual se pueda convertir en un problema duradero.

La capacidad de una persona para absorber y recuperarse de un bache económico es lo que se conoce como *resiliencia financiera*. Por suerte para todos, es un músculo que, como cualquier otro, se puede ejercitar. Pero antes de entrar en materia tatuaos esto en el cerebro:

> **LA REGLA DE ORO**
>
> Cuando las cosas van mal, es fundamental tomar las medidas necesarias cuanto antes.

LAS CLAVES DE LA RESILIENCIA FINANCIERA

Aunque siempre hay matices, para evaluar la resiliencia financiera de una persona hay que fijarse en cuatro elementos básicos…

- La deuda
- El colchón de emergencia
- La capacidad de reacción
- Las inversiones

1 LA DEUDA, NUESTRA ESPADA DE DAMOCLES

Lo primero, primerísimo, que tenemos que hacer cuando la vida se pone puñetera es asegurarnos de que vamos a poder hacer frente a nuestras deudas. Es el momento de sentarse lápiz en mano y comprobar que vamos a poder pagar todas las cuotas de nuestros préstamos, incluidos los recibos de las tarjetas de crédito y otros pagos que hayamos podido fraccionar.

Como vimos cuando hablamos de las tarjetas *revolving*, no pagar una deuda tiene un efecto «bola de nieve», porque a las posibles comisiones por demora o impago hay que sumar los intereses que se van a ir acumulando a una velocidad de vértigo —acordaos del efecto multiplicador del interés compuesto que, en este caso, funcionaría en nuestra contra, y echaos a temblar.

Si por lo que sea vemos que no vamos a poder pagar todas las cuotas de nuestros préstamos, hay que hablar con el banco cuanto antes para buscar una solución entre todos, ya sea renegociando las condiciones, refinanciando nuestra deuda o acordando una mora a un tipo de interés llevadero. Que no nos duelan prendas en pedir ayuda y consejo para afrontar el impago de una deuda, porque puede evitarnos un problema muy serio del que nos puede llevar años salir.

Por eso, cuando hablamos de la deuda, decíamos que la suma de todas las cuotas de nuestros préstamos nunca debería superar el 40 % de nuestros ingresos, porque niveles de deuda superiores nos hacen muy vulnerables ante una crisis.

LA REGLA DE ORO

Cuanto más bajo sea el porcentaje de nuestra deuda (la suma de todas las cuotas de nuestros préstamos) respecto a nuestros ingresos netos, más resilientes seremos.

Otra medida que conviene tener en cuenta, sobre todo si los problemas se alargan un poco en el tiempo, es nuestra ratio de deuda. Recordemos que la ratio de deuda se calcula dividiendo nuestra deuda total —todo lo que nos queda por pagar de nuestros préstamos— entre nuestro valor neto. Como vimos en el capítulo 2, este valor debería ser menor que uno, lo que significa que tenemos ahorros y activos suficientes para cubrir toda nuestra deuda sin quedarnos en números rojos. En este sentido, cuanto más se acerque a cero esta ratio, más flexibles seremos para hacer frente a cualquier imprevisto.

En el ejemplo que vimos, la ratio estaba todavía muy por

encima de 1 (165.000/77.000 = 2,14), lo que nos deja poco margen de maniobra si, por ejemplo, perdemos nuestro trabajo y no encontramos otro rápido.

Lo que tengo	**242.000 €**	
Calcetín debajo del colchón Cuenta corriente Cuenta de ahorro	1.000 € 5.000 € 5.000 €	Líquido
Acciones Fondo de inversión	1.000 € 5.000 €	Medio
Plan de pensiones Participación negocio Casa	10.000 € 15.000 € 200.000 €	Poco líquido
Lo que debo	**- 165.000 €**	
Préstamo coche Hipoteca	- 15.000 € - 150.000 €	Pasivo
Valor neto	77.000 €	

2 EL COLCHÓN DE EMERGENCIA, LA JOYA DE LA CORONA

Lo he dicho mil veces y lo diré una más: cuando las cosas van mal, el colchón de emergencia es nuestra arma más potente. Cuántos meses de colchón tengamos va a ser clave para que podamos afrontar un mal momento con calma y sin desesperar. Saber que tenemos suficiente dinero para vivir seis meses sin ingresar ni un euro nos proporciona una paz de espíritu que es fundamental para pensar con tranquilidad en cómo salir de cualquier embrollo. Como además muy posiblemente, por muy mal que se den las cosas, nuestros ingresos no se reduzcan a cero, ya sea porque *solo* nos bajen el sueldo, porque *solo* uno de los dos miembros de la pareja pierda su trabajo o porque tengamos derecho a algún tipo de finiquito o de subsidio de desempleo, esos seis meses serán en realidad muchos más.

Recordemos que el colchón de emergencia hay que tenerlo contante y sonante, en activos líquidos, como efectivo, cuentas corrientes o depósitos a la vista, para poder echar mano de él en cualquier momento. Cuando la cosa se pone fea, la liquidez manda.

LA REGLA DE ORO

En épocas de crisis, el efectivo es el rey.

3 LA CAPACIDAD DE REACCIÓN, TU MEJOR ALIADA

Ahora que estamos llegando a la mitad del libro, como diría Steve Jobs, los puntos que hemos ido tratando deberían empezar a conectar, como, por ejemplo, la capacidad de reacción, ese porcentaje de nuestros gastos que podemos reducir de un día para otro y que ahora puede sacarnos de un apuro.

Tener una gran capacidad de reacción significa que, si nos vienen mal dadas, podemos reducir nuestros gastos muy rápido, adaptarnos inmediatamente a la nueva situación y, ojo al dato, multiplicar nuestro colchón de emergencia.

LA FÓRMULA MAESTRA

Resiliencia a corto plazo = meses de colchón de emergencia/(1 – capacidad de reacción)

Parece complicado, pero el concepto es sencillo. Pongamos que ganamos 1.500 euros mensuales y que, como somos gente prudente, hemos hecho los deberes y tenemos un colchón de emergencia de 6.000 euros o, dicho de otra forma, tenemos cuatro meses de ahorros.

La diferencia es que, si nuestra capacidad de reacción es reguleras y solo seríamos capaces de reducir, por ejemplo, un 20 % de nuestros gastos inmediatamente, podríamos estirar el colchón hasta 4/(1 – 0,2) = 5 meses.

Pero si tuviéramos una capacidad de reacción *magna cum laude* del 50 % podríamos estirar el mismo colchón 4/(1 – 0,5) = 8 meses sin despeinarnos.

Ya que estamos hilando conceptos, seamos conscientes de que nuestra capacidad de reacción depende muchísimo de nuestro nivel de deuda, porque, si ya tenemos el 40 % de nuestro sueldo comprometido para pagar préstamos, difícil será que tengamos una capacidad de reacción del 50 %. No digamos ya si nuestra hipoteca representa el 60 % o el 70 % de nuestros ingresos. Y lo mismo pasa con el porcentaje de nuestro sueldo que dedicamos a la vivienda, porque uno no suele poder mudarse de un día para otro.

LA REGLA DE ORO

Cuanta menos deuda tengamos y mayor sea nuestra capacidad de reacción, más podremos estirar el colchón de emergencia.

4 LAS INVERSIONES, CUBRIÉNDOTE LAS ESPALDAS

Hemos dicho por activa y por pasiva que el colchón de emergencia hay que tenerlo en activos muy líquidos; pero, claro, estos activos no nos suelen dar ninguna rentabilidad y, además, en realidad, estos ahorros están perdiendo valor al ritmo de la inflación. Por eso, cuando ya tenemos un colchón de emergencia suficiente, si contamos con más ahorros, puede ser conveniente tenerlos en activos que nos den más rentabilidad, es decir, invertirlos.

Para lo que nos compete ahora, el problema —o la ventaja, según cómo se mire— de las inversiones es su liquidez. Algunas —como los fondos de pensiones o las casas— son muy poco líquidas, y otras —como las acciones o los fondos de inversión— son líquidas, porque se pueden vender en cualquier momento, pero su precio no está garantizado. Es decir, si tenemos que venderlas en un momento malo, podemos perder dinero.

Por eso es importante no tener el colchón de emergencia *invertido,* para no tener que incurrir en pérdidas que se pueden evitar por tener que vender con prisas. Pero eso no significa que estas inversiones no nos den seguridad: lo hacen aumentando nuestra resiliencia financiera a medio y largo plazo.

Para que nos entendamos, no conviene depender de nuestras inversiones para sacarnos de un apuro a corto plazo, pero podemos contar con ellas si la cosa se alarga. Lo importante es tener el tiempo suficiente para tomar las decisiones con calma y no tener que vender deprisa y corriendo. Al final, la liquidez de nuestros activos tiene que estar alineada con su uso. Para el corto plazo hay que recurrir a lo líquido, pero para el medio y largo plazo podemos tirar de nuestras inversiones.

Si tenemos inversiones de cierta liquidez, como fondos o acciones, necesitaremos menos meses de colchón de emergencia, pero, si tenemos todo nuestro dinero metido en nuestra casa y una hipoteca considerable, conviene tener un colchón más mullidito para tener la suficiente resiliencia financiera.

Al final, como siempre, lo ideal es tener un buen *mix* de liquidez en nuestro valor neto: una casa que nos podamos permitir, una hipoteca que no supere el 30 % de nuestros ingresos mensuales, seis meses de ahorros en una cuenta muy líquida y otros seis meses en inversiones de cierta liquidez sería un buen punto de partida.

Volvamos al ejemplo que pusimos cuando hablábamos del valor neto al final del segundo capítulo:

Lo que tengo	242.000 €		
Calcetín debajo del colchón Cuenta corriente Cuenta de ahorro	1.000 € 5.000 € 5.000 €	Líquido	Resiliencia a corto 6 meses
Acciones Fondo de inversión	1.000 € 5.000 €	Medio	Resiliencia a medio 3 meses
Plan de pensiones Participación negocio Casa	10.000 € 15.000 € 200.000 €	Poco líquido	
Lo que debo	**- 165.000 €**		
Préstamo coche Hipoteca	- 15.000 € - 150.000 €	Pasivo	
Valor neto	77.000 €		

La resiliencia de esta persona cuyos ingresos netos son de 1.800 euros mensuales serían seis meses a corto y tres meses adicionales a medio plazo, nueve meses en total. Estos nueve meses están bastante bien, pero como la ratio de endeudamiento es todavía superior a 1 habría que intentar subir la resiliencia a medio plazo de tres a seis meses para ir más holgados.

CUANDO LA RESILIENCIA SE CONVIERTE EN RIQUEZA

Como hemos visto, la forma más fácil de valorar la resiliencia financiera es en meses. Como mínimo hay que intentar llegar a los seis meses, pero un año es todavía mejor. Todo lo que podamos construir a partir de ahí nos irá dando más y más seguridad, hasta que, llegado un punto, seamos capaces de capear cualquier imprevisto sin inmutarnos. Ya no es que seamos resilientes, es que seremos ricos.

Tendemos a pensar que la riqueza es un valor absoluto, como nuestro valor neto, pero eso es solo la mitad de la foto. Por muchos activos que tengamos, si nuestros gastos son desproporcionados, corremos el riesgo de pulirnos nuestra fortuna en un santiamén, como han hecho tantos herederos célebres.

Para no llevarnos a engaño, en el capítulo del valor neto definimos la *riqueza* como la capacidad de consumir en el futuro. De ahí que una de las formas más fáciles de medir el poderío financiero de una persona sea precisamente así, en años.

LA REGLA DE ORO

Cuantos más años podamos mantener nuestro estilo de vida, más ricos seremos.

Una primera aproximación sería decir que nuestra riqueza es nuestro valor neto dividido entre nuestros ingresos netos, lo que en el ejemplo anterior equivaldría a 77.000/1.800 = 42,8 meses, es decir, unos tres años y medio.

Pero si la casa en la que vivimos es en propiedad yo prefiero quitarla de la ecuación, junto con la hipoteca correspondiente, y utilizar el valor neto disponible porque, para mantener nuestro estilo de vida, tenemos que seguir viviendo en ella.

LA FÓRMULA MAESTRA

Valor neto disponible = valor neto
– casa en la que vivimos
+ hipoteca que nos queda por pagar

Si lo recalculamos así, vemos que tendríamos una riqueza equivalente a quince meses. En otras palabras, si dejáramos de trabajar, viviendo como vivimos, tardaríamos quince meses en pulirnos nuestra fortuna.

Lo que tengo	**242.000 €**	
Calcetín debajo del colchón Cuenta corriente Cuenta de ahorro	1.000 € 5.000 € 5.000 €	Líquido
Acciones Fondo de inversión	1.000 € 5.000 €	Medio
Plan de pensiones Participación negocio	10.000 € 15.000 €	Poco líquido
Casa	200.000 €	
Lo que debo	**- 165.000 €**	
Préstamo coche	- 15.000 €	Pasivo
Hipoteca	- 150.000 €	
Valor neto	77.000 €	
Valor neto sin la vivienda habitual	27.000 €	

No hace falta que os diga que disponer de recursos para sobrevivir quince meses no nos convierte en ricos, pero todo lo que supere un año significa que tenemos una economía bastante saneada, que no es poco. A los cinco años, empezamos a hablar de gente con bastante poderío económico, y ya, a partir de diez años, estaríamos hablando de una riqueza más que considerable. Luego están ya los millonarios de carné, los que tienen no ya su futuro asegurado, sino también el de sus hijos y hasta el de sus nietos.

CÓMO PREPARARSE PARA LO PEOR

Los seguros son ese amigo feo con el que nadie quiere bailar, pero que, quince años después, sin el aparato y las gafas, se presenta en la reunión del colegio convertido en un apuesto galán.

Contratar un seguro es de lo más rollo que hay, la letra pequeña es infumable y solemos acabar con la sensación de estar pagando sin saber muy bien por qué. Pero cuando la vida arrecia, un buen seguro nos puede ahorrar muchos disgustos.

En general, cuando contratamos un seguro, lo que estamos haciendo es pagar por reducir el riesgo en nuestras vidas, traspasándole parte de ese riesgo a la compañía de seguros. A cambio, le pagamos un precio, la prima. Ya hemos hablado de algunos seguros que conviene tener en según qué circunstancias, como el de hogar o el de asistencia jurídica, pero ahora nos vamos a centrar en aquellos que nos pueden ayudar a mejorar nuestra resiliencia financiera y a proteger nuestro estilo de vida en los casos más extremos: **el seguro de vida y sus primos hermanos.**

Si tenemos hijos o una hipoteca en común con alguien, este seguro es poco menos que obligatorio. Se trata de que, si le pasa algo a alguno de los cabezas de familia, los otros puedan seguir adelante sin repercusiones financieras drásticas. Si, por ejemplo, te compras un piso en pareja, la idea es que, si uno de los dos se va al otro barrio, el otro pueda conservar el piso sin tener que soportar todo el peso de la hipoteca.

*** QUE NO SE TE OLVIDE**

Un buen seguro de vida puede ayudar a tu familia a recuperarse de lo peor: de la pérdida de un ser querido.

Lo importante cuando uno contrata un seguro de vida es tener claro qué cantidad queremos asegurar para que nuestros seres queridos tengan el tiempo y los recursos para reponerse de la pérdida y seguir con sus vidas. Por supuesto, cuanto mayor sea esta cantidad, más nos va a costar el seguro, así que hay que encontrar un equilibrio.

Además, se puede contratar más de una póliza o renegociar la cobertura de la que ya tenemos. Lo ideal es revisar la situación periódicamente para ver si seguimos estando bien cubiertos.

Antes de contratar un seguro de vida, merece la pena aclarar algunos conceptos…

UN SEGURO POR CABEZA

Lo primero es que los seguros de vida tienen un único tomador. Si vuestro estilo de vida depende de los ingresos de más de una persona, hay que valorar la posibilidad de que cada uno de los cabezas de familia contrate un seguro de vida con una cobertura proporcional a lo que ingresa.

Es decir, si los dos miembros de la pareja ganan más o menos lo mismo, se pueden contratar dos pólizas iguales para cada uno; pero si los ingresos son muy dispares nos podemos plantear contratar una póliza con una cobertura superior para el que más gana y otra más asequible para el que menos ingresa.

CUANDO TU HEREDERO ES EL BANCO

Si no lo tenemos ya, cuando firmamos nuestra primera hipoteca es un momento ideal para contratar un seguro de vida para cubrir, por lo menos, el importe de la hipoteca en caso de que uno de los hipotecados fallezca.

Pero hay que andar con ojo, porque, a veces, cuando contratamos un seguro de vida con la hipoteca a través del banco, los beneficiarios no son nuestros herederos, sino que sería el banco quien recibiría directamente el importe de la póliza en caso de fallecimiento. Esto nos puede interesar si donde vivimos hay un impuesto de sucesiones relevante, pero si queremos un seguro con una cobertura más amplia que la hipoteca no es lo ideal.

LA REGLA DE ORO

Antes de firmar cualquier póliza hay que leer la letra pequeña.

LAS ESPALDAS BIEN CUBIERTAS

Por defecto, los seguros de vida solo cubren el fallecimiento o la invalidez absoluta. Según nuestro trabajo y nuestras circunstancias, puede ser conveniente ampliar esta cobertura para incluir otros tipos de incapacidad profesional, invalidez o accidente, o contratar un seguro adicional que nos cubra en caso de que no podamos seguir trabajando.

Si tenemos hijos, es posible que, incluso con la hipoteca cubierta, uno de los dos no fuera capaz de mantener la familia sin los ingresos del otro. En este caso, es necesario calcular cuánto necesitaríamos para vivir sin esos ingresos. Para hacer este cálculo, nada mejor que repasar nuestro presupuesto y ver qué gastos seguiríamos teniendo, cuántos ingresos perderíamos —contando las pensiones de orfandad y viudedad si las hubiera— y cuál sería la diferencia anual que tendríamos que cubrir. Multiplicar esa cantidad por diez nos puede dar una orientación de la cobertura que podríamos necesitar. Además, se puede elegir que la cantidad se vaya actualizando anualmente con el IPC, aunque esto nos saldrá algo más caro.

Otra forma de calcular una cobertura razonable podría ser sumar cinco veces nuestro salario más toda la deuda que nos quede por pagar. Es decir, en el caso de ejemplo, con un salario de 1.800 euros mensuales y una deuda pendiente de 165.000 euros, habría que cubrir: (1.800 × 12 × 5) + 165.000 = 273.000 euros.

Lo que tengo	**242.000 €**	
Calcetín debajo del colchón	1.000 €	Líquido
Cuenta corriente	5.000 €	
Cuenta de ahorro	5.000 €	
Acciones	1.000 €	Medio
Fondo de inversión	5.000 €	
Plan de pensiones	10.000 €	Poco líquido
Participación negocio	15.000 €	
Casa	200.000 €	
Lo que debo	**- 165.000 €**	
Préstamo coche	- 15.000 €	Pasivo
Hipoteca	- 150.000 €	
Valor neto	77.000 €	

Para casos dramáticos como el mío, con cinco hijas y una querencia terrible a ponerme el mundo por montera, hay una opción extra para abaratar el coste: lo que llaman *seguros de capital decreciente,* en los que la cantidad que vas a percibir va disminuyendo a medida que te vas acercando a la edad de jubilación del difunto. Este cálculo lo hice cuando nació la cuarta, y me di cuenta de que, si le pasara algo al padre de las criaturas, lo tendría bastante crudo para sacar adelante a la familia yo sola. Calculé lo que necesitaría si le partía un rayo allí mismo y cómo se iría reduciendo esa cantidad a medida que fueran pasando los años y las niñas se fueran independizando, aunque fuera a la fuerza. Con estos números en la mano pedí varias ofertas y elegí una cuyas cuotas llevo pagando gustosamente desde hace diez años porque me permiten dormir mucho más tranquila.

Cabe recordar que, como no se puede asegurar algo que va a pasar con certeza, los seguros de vida tienen una fecha de caducidad que suele rondar los 70 años. Es decir, solo cubren la posibilidad de que nos muramos antes de esa edad. Si vivimos más, es de esperar que nuestras familias estén encantadas de tenernos a su lado, pero ya no cobrarán el día que la espichemos.

A PAGAR EN MÓDICAS CUOTAS

Por norma general, las condiciones que nos ofrecen las compañías aseguradoras son más competitivas que las de los bancos, pero lo que hay que hacer es pedir varias ofertas para la misma cobertura en los mismos plazos y comparar.

Lo normal es que la prima de nuestro seguro de vida, la cuota que le pagamos a la aseguradora para que nos cubra el riesgo de palmarla jóvenes, se vaya renovando cada año y adaptando a nuestra edad y a nuestro perfil de riesgo, pero hay entidades que nos pueden ofrecer una prima única o una nivelada.

La prima única es común cuando contratamos una hipoteca y se cobra de una vez al firmar. Tiene la ventaja de que estamos firmando tanto papel y pagando tantas cosas que no nos damos ni cuenta, pero la realidad es que estamos pagando por una cobertura que igual no vamos a utilizar si, por ejemplo, vendemos la casa o cancelamos la hipoteca antes de tiempo.

QUE LO SEPA TODO EL MUNDO

Por último, cuando uno contrata un seguro de vida es conveniente decírselo a los beneficiarios para que no se olviden de hacer los trámites para cobrarlo si, efectivamente, se cumplen nuestros peores presagios. También conviene explicarles que si te asesinan no cobran. Por si las moscas. Parece de cajón, pero, como no sería la primera vez que alguien envenena a su pareja para cobrar su seguro de vida, las aseguradoras han aprendido la lección y no cubren el supuesto de homicidio a manos del beneficiario.

LA IMPORTANCIA DE TENER UN PLAN

Si ya le hemos sacado punta a nuestra resiliencia financiera y tenemos todos los seguros necesarios para dormir tranquilos, lo único que nos falta es saber qué tenemos que hacer y en qué orden cuando nos vengan mal dadas para tomar las medidas necesarias cuanto antes y no andar dando palos de ciego. Lo que tardemos en reaccionar puede marcar la diferencia entre un problemilla y un problemón.

HAZ NÚMEROS

Cuando viene la cosa torcida hay que intentar mantener la calma y no dejarse llevar por las emociones. Para eso, nada mejor que sentarse y hacer números. Lo ideal es actualizar nuestro presupuesto a un año vista con la nueva situación, mes a mes, intentando ser conservador para asegurarnos de que podemos cubrir nuestros gastos esenciales todos los meses. Más vale corregir luego al alza que tener que revisarlo cada dos días porque las cosas solo van a peor.

LA DEUDA, NI TOCARLA

Como hemos visto, es fundamental proteger la deuda. Por eso, con los números en la mano, tenemos que hacer cuentas y asegurarnos de que vamos a poder pagar todas y cada una de las cuotas de nuestros préstamos y tarjetas de crédito para que no empiece a rodar la bola de los intereses acumulados.

En la medida de lo posible, hay que intentar no recurrir al crédito fraccionando demasiados pagos, porque nos puede salir carísimo. Llegado el caso, si es absolutamente necesario, es mejor pedir un préstamo personal con un tipo de interés más comedido que los que suelen aplicar las tarjetas de crédito.

Y ya sabéis, si de verdad no vais a poder pagar alguna cuota de algún préstamo, hay que hablar con el banco cuanto antes. No nos andemos con vergüenzas que nos pueden costar un ojo de la cara. Y nunca nunca hay que pedir un préstamo para pagar otra deuda.

Una cosa es refinanciar nuestras deudas o renegociar las condiciones de nuestros préstamos, de manera que los pagos sean más asequibles pero el montante total de deuda no cambie, y otra muy distinta es endeudarse todavía más.

LA REGLA DE ORO

La solución a un problema de deuda nunca es más deuda.

SÁCALE ASTILLAS A TU CAPACIDAD DE REACCIÓN

Para esto calculamos este numerito, para ver con qué rapidez podríamos adaptar nuestros gastos ante un problema de ingresos. Mi consejo es que le saquéis el máximo partido a vuestra capacidad de reacción, porque cuanto antes empecéis más podréis aguantar si los problemas se alargan en el tiempo.

Por eso, aunque todavía tengamos ahorros en el banco, antes de empezar a tirar de nuestro colchón de emergencia hay que aprovechar nuestra capacidad de reacción al máximo y cortar todos esos gastos desde el principio sin miramientos. Si luego se nos da la cosa mejor de lo que esperábamos, ya habrá tiempo para pegarnos un homenaje.

CUIDA TU COLCHÓN

Cuando entremos en modo crisis, es el momento de cuidar nuestro colchón de emergencia como oro en paño para que nos dure lo máximo posible y no tengamos que recurrir a nuestras inversiones o, peor, a endeudarnos.

Por eso, cuando sospechemos que la cosa no anda muy boyante, hay que posponer cualquier gasto gordo —como la compra de un coche, los viajes o las reformas— para el que tengamos que echar mano de nuestros ahorros.

LA REGLA DE ORO

En situaciones de emergencia, hay que dejar el colchón para eso: para emergencias.

OLVÍDATE DE TUS INVERSIONES

Esto es de primero de inversión, pero, por mucho que nos sepamos la teoría, la práctica, hasta para los inversores más avezados, es más difícil. Las crisis aumentan mucho la volatilidad de los mercados, porque todo el mundo está de los nervios y puede ser difícil no dejarse llevar por el pánico y vender a la baja. Si, como deberíamos, tenemos una estrategia de ahorro e inversión, no es el momento de ponerse a hacer cambios al tuntún. Lo ideal es no mirar la cuenta para evitar la montaña rusa de emociones y olvidarse de que esas inversiones están ahí hasta que vuelvan las aguas a su cauce.

Si al final tenemos que tirar de nuestras inversiones para pasar el bache, tampoco pasa nada, para eso están, pero es importante que tomemos la decisión con calma y no a lo loco.

CÍÑETE AL PLAN

Si ya tenemos la deuda, el fin de mes y el colchón de emergencia bajo control, y hemos conseguido hacer la vista gorda a los desvaríos del mercado, lo suyo es intentar no desviarse de los objetivos de ahorro e inversión que nos hubiéramos marcado a medio y largo plazo, y seguir haciendo nuestras aportaciones a planes de ahorro, seguros de jubilación y fondos de pensiones religiosamente. No dejemos que el presente, por muy pesado que se ponga, nos distraiga, porque aunque a veces no lo parezca, el futuro siempre está a la vuelta de la esquina.

Según lo profunda que sea la crisis o el problema financiero al que nos enfrentemos, es posible que no podamos cubrir todos los pasos del plan y que, por ejemplo, tengamos que dejar de hacer aportaciones a nuestro plan de pensiones durante un tiempo o liquidar algún fondo de inversión. No pasa nada, para eso están nuestros activos y nuestras inversiones, para utilizarlos cuando los necesitamos. Lo importante es intentar cubrir cuantos más puntos del plan, mejor, y, si es materialmente imposible, volver a ellos en cuanto podamos para asegurarnos de que este bache no nos desvía demasiado de nuestro objetivo a largo plazo: vivir tranquilos por siempre jamás.

PARA NOTA

Has optimizado tu resiliencia financiera y…

- ✓ Tus deudas no suponen más del 40 % de tus ingresos netos.
- ✓ Tienes un colchón de emergencia de seis meses.
- ✓ Tu capacidad de reacción te permitiría estirar tu colchón ocho meses o más.
- ✓ Tienes otros tres meses más en activos de liquidez media.

✓ Si vives en pareja o tienes hijos, vuestros seguros de vida os permitirían mantener vuestro estilo de vida si algún miembro de la familia falleciera o estuviera incapacitado para trabajar.

✓ Sabes qué tienes que hacer y en qué orden si la cosa se pone fea.

8
Piensa en el día de mañana

Entiendo que pensar en la jubilación no es precisamente una juerga, pero tiene fácil solución. Basta con tener cinco hijas y pasarse las tardes patrullando deberes, actividades extraescolares y crisis adolescentes varias para que la jubilación se convierta en el paraíso soñado y que lo que antes te parecía el colmo de lo rancio, como unas vacaciones en Benidorm patrocinadas por el Imserso, se te antoje el planazo del siglo —siempre y cuando los niños estén prohibidos en el balneario, claro—. De un tiempo a esta parte, mi marido y yo fantaseamos a diario con hacer un crucero por el Mediterráneo de esos con partida de petanca en la cubierta A y cenas temáticas en el salón Acapulco.

El problema surge cuando el calendario empieza a acelerarse y te das cuenta de que veinte años no son tantos y que vas a tener que ponerte las pilas a la voz de ya. Creedme si os digo que no podemos asumir que nos va a ir como les ha ido a nuestros padres, ni muchísimo menos.

Siento ser agorera, pero nuestro panorama a largo plazo no tiene nada que ver con lo que hemos visto en nuestras casas. Con la población envejeciendo a toda pastilla y la natalidad bajo mínimos, nosotros vamos a tener que ser muchísimo más proactivos que nuestros abuelos y nuestros padres con el tema de la jubilación si no queremos pasarnos nuestra edad dorada haciendo cuentas que nunca cuadran.

¿DE VERDAD HAY QUE AHORRAR PARA EL FUTURO?

La respuesta corta es «sí», y la larga, «desde luego». Pero empecemos aclarando los conceptos básicos para que entendamos por qué es importante empezar ya a ahorrar para el futuro. Sin más rodeos, os presento la *tasa de sustitución,* también conocida como *tasa de reemplazo.*

«

GRANDES PALABROS DE LA HISTORIA FINANCIERA

La **tasa de sustitución o reemplazo** es el porcentaje de nuestro sueldo que va a cubrir nuestra pensión de jubilación.

»

Es decir, si antes de jubilarnos ganábamos 1.500 euros y la tasa de sustitución es del 80,4 % —que según la Organización para la Cooperación y el Desarrollo Económicos (OCDE) era la tasa de sustitución para un salario medio en España en 2023—, eso significaría que nuestra pensión de jubilación sería de 1.500 × 0,804 = 1.206 euros mensuales. O, dicho de otra forma, el día que nos jubiláramos perderíamos (100 – 80,4) = 19,6 % de nuestro poder adquisitivo.

Ni tan mal, pensaréis, sobre todo si eso es más o menos lo que pagáis de hipoteca y contáis con haberla finiquitado antes de jubilaros. Pero la realidad es que, aunque esa sea la tasa de sustitución actual para un salario medio, muchísima gente —como los que tienen salarios altos, los autónomos o los que no hayan cotizado el tiempo suficiente para cobrar el cien por cien de su pensión— tendrá una tasa de sustitución muy inferior a esa. Es decir, aunque nada cambiara de aquí a que nos jubilemos, mucha gente va a tener una caída de ingresos cuando se jubile muy superior a ese 19,6 % que tiene el trabajador medio español ahora mismo.

Pero es que, además, de aquí a que nos jubilemos van a cambiar mucho las cosas, porque, como nos han dicho por activa y por pasiva, el sistema español de pensiones, tal y como funciona ahora mismo, no es sostenible.

Para que os hagáis una idea, en algunos países europeos la tasa de sustitución del salario medio es del 49 %. Ese mismo jubilado que en España pasaría de ingresar 1.500 euros de sueldo a 1.206 euros de pensión cobraría solo 735 euros y tendría una pérdida de poder adquisitivo al jubilarse de más del 50 %. Si no se os ha helado la sangre, volved a mirar esos números.

La realidad es que la tasa de reemplazo de las pensiones en España está muy por encima de la media de la Unión Europea, que es el 59,9 %, y no digamos ya de la media de la OCDE, que es del 56,3 %, y que, simple y llanamente, no es sostenible, porque tal y como está concebido el sistema no va a haber dinero para pagarlo.

ENTONCES, ¿EL SISTEMA DE PENSIONES VA A QUEBRAR?

Lo primero, tranquilidad en la sala. Se dice mucho que el sistema de pensiones va a quebrar, porque, de alguna manera, es verdad que hay que hacer reformas importantes para afrontar los desembolsos que va a haber que hacer en un futuro no tan lejano. Pero la cosa, a no ser que se acabe el mundo entre tanto, no va a ser tan dramática como que un día llegue uno a cobrar la pensión y le devuelvan el cheque porque no hay fondos. No, la erosión de las pensiones va a ser más lenta y gradual, aunque no por eso más indolora.

Lo que está claro meridiano es que no podemos contar con esa tasa de sustitución para el futuro y que, por eso, es fundamental no confiar solo en el sistema público de pensiones para costear nuestra jubilación. Para los escépticos, ahondemos un poco en por qué esto es así.

Los sistemas de pensiones de cada país son distintos, no solo por lo que cobra uno cuando se jubila, sino por cómo funcionan y cuál es el concepto que hay detrás de ellos. En España, tenemos un *sistema de reparto*. A grandes rasgos, esto significa que se cogen todas las contribuciones de los trabajadores en activo y se reparten entre todos los jubilados con derecho a pensión.

Para que funcione, hace falta que haya más trabajadores en activo que jubilados, lo que se mide con la *tasa de dependencia*.

LA FÓRMULA MAESTRA

Tasa de dependencia = n.º de jubilados (a partir de los 65)/n.º de personas en edad de trabajar (entre 16 y 64 años)

Advertencia: a veces la tasa de dependencia, en lugar de tomar en cuenta solo a los jubilados, incluye también a los menores entre 0 y 15 años, que no tienen edad de trabajar y son, por definición, dependientes aunque no tengan derecho a cobrar ninguna pensión. Por si veis por ahí algún número que os chirría.

Obviamente, la tasa de dependencia real es otra, porque hay gente mayor que todavía trabaja y gente en edad de trabajar que no lo hace, ya sea porque está estudiando, como muchos entre los 16 y los 25 años, o porque no tiene trabajo, está de baja o lo que sea. Pero hagamos un cálculo burdo para ir poniéndonos en situación.

Las cotizaciones a la Seguridad Social, entre las que hace la empresa y las que hace el empleado, son aproximadamente un 35 % del salario bruto, por lo que, si contamos con una tasa de sustitución del 70 %, necesitaríamos por lo menos dos trabajadores para pagar la pensión de un jubilado, es decir, una tasa de dependencia máxima del 50 %.

Según los datos del Instituto Nacional de Estadística (INE), la tasa de dependencia en 2022 estaba en un 31 % y, de acuerdo a sus previsiones, en 2050 se situará en un 53,7 %, por encima del umbral de sostenibilidad. Pero, aunque estos datos no parezcan tan malos, la realidad no es tan halagüeña, porque, al final, la proporción que de verdad cuenta es la de pensionistas contra cotizantes: a cuántos jubilados tiene que mantener cada trabajador en activo.

Como seguro que habéis oído en las noticias, la Seguridad Social ya es deficitaria. Es decir, todos los años tiene que pagar más dinero del que recibe de sus contribuyentes. En 2022, la situación era tal que, para cubrir este déficit, se habrían necesitado casi cuatro millones más de personas cotizando o, lo que es lo mismo, no habría dado ni aunque todos los parados hubiesen estado trabajando.

De hecho, se prevé que en 2050 nos faltarán seis millones de cotizantes para cubrir el déficit. En otras palabras, aunque consiguiéramos solucionar el problema estructural de paro que tenemos, seguiríamos sin tener suficientes trabajadores para poder seguir pagando pensiones como las actuales a todos los jubilados.

Por si todo esto fuera poco, la digitalización y los avances de la economía moderna están fomentando formas de trabajo alternativas, como la *gig economy* (trabajos esporádicos) y el *freelancismo* (trabajo autónomo), que nos alejan del modelo tradicional de empleado a tiempo completo. No os sorprenderá saber que el sistema de pensiones no cubre igual a un autónomo que a un empleado fijo por cuenta ajena. Hasta que los sistemas de pensiones se modernicen, cada vez va a haber más gente que cobre pensiones bajas.

Para solucionarlo, se pueden hacer varias cosas —y algunas se están haciendo ya—, como aumentar la edad de jubilación, promover medidas de empleo y conciliación que fomenten la natalidad, mejorar la productividad de los empleados para que suban los salarios y las contribuciones, bajar las pensiones, endurecer los criterios para cobrar una pensión o aumentar las contribuciones. En este caso, no hay una fórmula mágica y es necesario atacar el problema desde todos los frentes con una combinación de muchas medidas. Lo que está claro es que la tasa de sustitución en España va a bajar y que, si queremos mantener nuestro estilo de vida, tendremos que tener ahorros, inversiones o fuentes de ingresos alternativas para poder tirar de ellos cuando nos jubilemos. No hay más tu tía.

Así que, volviendo a la pregunta original, **SÍ, todos tenemos que ahorrar para la jubilación.**

RAZONES DE PESO PARA NO ESPERAR NI UN DÍA MÁS

Lo que es más, hay que empezar a ahorrar ya o, mejor, ayer. ¿Por qué? Porque, con la esperanza de vida actual, podemos contar con estar entre veinte y treinta años jubilados, por lo que es posible que nos lleve entre veinte y treinta años ahorrar la cantidad necesaria para poder vivir tranquilos cuando nos retiremos. Y sobre todo porque en temas de jubilación el interés compuesto, ese que nos va dando intereses sobre los intereses, es nuestro mejor aliado y puede hacernos la mitad del trabajo. Pero para eso es importante que empecemos pronto, para darle tiempo a hacer su magia multiplicadora. **Lo ideal sería empezar a ahorrar para la jubilación el mismo día que empezamos a trabajar, pero como tardísimo, si es humanamente posible, hay que empezar antes de cumplir los cuarenta.**

EL TRUCO DEL ALMENDRUCO

Cuanto antes empecemos, menos tendremos que ahorrar.

Por si todavía os quedan dudas, veamos un ejemplo. Una persona que empieza a ahorrar 20 euros al mes a los 35 años, con una rentabilidad nada descabellada del 2,2 %, tendría al jubilarse aproximadamente 10.000 euros ahorrados, de los cuales 7.200 euros los habría ahorrado él y los 2.800 restantes los habría generado el interés compuesto.

Si esa misma persona empezara a ahorrar diez años más tarde, con 45 años, para tener esos mismos 10.000 euros, con la misma rentabilidad, tendría que ahorrar 34 euros al mes en lugar de 20, de manera que, al final, 8.160 euros los habría ahorrado él y el interés compuesto habría generado 1.840 euros en lugar de 2.800 euros.

Y si esperara otros diez años más, hasta los 55 años, para conseguir esos 10.000 euros, tendría que ahorrar 76 euros al mes en lugar de 20, y, al final, 9.120 euros los habría ahorrado él directamente y solo habría generado 880 euros gracias al interés compuesto.

En otras palabras, si empieza a ahorrar con 35 años, el interés compuesto le hace casi el 30 % del trabajo, mientras que, si empieza con 55 años, tiene que ahorrar más del triple cada mes y el interés compuesto no llegaría a hacerle ni el 10 % del trabajo. Con rentabilidades superiores, la diferencia es todavía más sangrante.

*** QUE NO SE TE OLVIDE**

Hay que darle tiempo al interés compuesto para que haga el trabajo sucio.

LAS CLAVES PARA SABER CUÁNTO AHORRAR PARA LA JUBILACIÓN

Si hasta ahora no teníais claro si lo que habéis invertido en comprar este libro os ha merecido la pena —por cierto, mil gracias de todo corazón—, creo que solo este apartado os va a ahorrar tantos quebraderos de cabeza como para compensar el desembolso.

Mi especialidad es hacer modelos financieros y, después de veinte años haciéndolos de todos los colores y sabores para todas las industrias y situaciones imaginables, he llegado a la conclusión de que cuanto más simples mejor funcionan. Como ninguno tenemos una bola de cristal, ni somos el INE para pasarnos el día haciendo estimaciones estadísticas de variables complejas, he intentado encontrar la forma más fácil, a la par que fiable, para planificar nuestra jubilación sin tirarnos de las canas.

De cara a planificar para el futuro, tenemos dos opciones. Una es intentar predecir hoy cómo va a ser ese futuro: lo que ganaremos dentro de diez o quince años, cómo evolucionarán nuestros gastos, cuánto subirá la inflación, lo que bajarán las pensiones, qué va a pasar con los tipos de interés, cómo fluctuarán los mercados más relevantes para nuestras inversiones presentes y futuras… Si no habéis desistido ya, sois unos campeones.

La otra opción, la de no cortarse las venas antes casi de empezar, como todos estos cambios se van a ir produciendo gradualmente, es ir revisando ese plan periódicamente para que se vaya actualizando y corrigiendo solo. Esto tiene además la ventaja de que no hay que liarse con proyecciones de inflación y rentabilidades que a lo mejor no son muy relevantes para nuestra situación particular, sino que el plan se va adaptando a nuestra realidad porque está hecho exactamente a nuestra medida.

Para que este método os funcione solo hay una condición:

*** QUE NO SE TE OLVIDE**

Hay que revisar el plan para la jubilación una vez al año.

Y ya.

Como nuestro objetivo es que nuestro plan de futuro sea lo más sencillo y robusto posible, nos vamos a centrar en tres elementos que, a estas alturas, ya conocemos de sobra:

- Nuestro presupuesto, como vimos en el capítulo 1.
- Nuestra tasa de sustitución.
- Nuestro valor neto, que calculamos en el capítulo 2.

Más fácil, imposible. Abrid bien los ojos, que os lo voy a explicar paso a paso.

1 TU PRESUPUESTO

Por alguna razón, solemos pensar que las personas mayores son apacibles ancianitos de vestimenta austera y gustos espartanos, pero, si los cincuenta son los nuevos treinta —no hay más que ver a Jennifer Aniston—, la jubilación es la nueva juventud. Hay que pensar que, cuando nos jubilemos, con un poco de suerte, vamos a poder llevar un ritmo de vida activo y mantener, si no todos, sí la mayoría de nuestros *hobbies* y, por qué no, de nuestros vicios.

Además, salvando enfermedades graves y otras «malas patas», lo normal es que los cambios en nuestro estilo de vida se produzcan de forma gradual. Por eso, para nuestros cálculos, vamos a partir de nuestro estilo de vida actual y ya lo iremos adaptando cada año según vayamos evolucionando.

Para no liarnos, vamos a coger nuestro presupuesto anual y vamos a quitar solo las siguientes categorías de gasto:

- **El ahorro.**
- **La educación.**
- Y aquí viene lo gordo...: **la hipoteca,** siempre y cuando la vayamos a tener pagada cuando nos jubilemos. El resto de los gastos en vivienda hay que dejarlos. Si vivimos de alquiler, no podemos quitarlo, porque tendremos que seguir pagándolo cuando nos jubilemos.

LA FÓRMULA MAESTRA

Gastos futuros = gastos actuales – ahorro – educación – hipoteca

Por supuesto, nuestros gastos futuros podrán ser muy diferentes por un millón de razones, pero, para empezar, esta aproximación es más que suficiente.

De esto se desprenden ya dos conclusiones muy importantes:

- Cuanto más ahorremos hoy, menos dinero necesitaremos cuando nos jubilemos.
- Tener una casa en propiedad con una hipoteca pagada es una ventaja bastante importante de cara a la jubilación, porque hace que necesitemos una tasa de sustitución inferior para vivir tranquilamente.

2 TU TASA DE SUSTITUCIÓN

Ahora que ya sabemos lo que va a gastar nuestro yo futuro, tenemos que pensar cuánto va a ganar y cuál será nuestra tasa de sustitución. Recordemos que, si vivimos en pareja y los dos trabajamos, habrá que hacer los cálculos para cada uno.

En la página de la Seguridad Social tenemos todos los datos para saber más o menos cuál será nuestra pensión de jubilación, y también hay páginas web y simuladores que nos pueden ayudar a calcularlo.

Como hemos hablado, en España se están acometiendo ya algunas reformas para asegurar la sostenibilidad del sistema de pensiones. Por un lado, se han endurecido los criterios para tener derecho a una pensión y se está alargando la edad de jubilación progresivamente hasta los 67 años. También andan a vueltas con si se desvincula la revalorización de las pensiones del IPC o no. No entro en detalles, pero, básicamente, unos la desvincularon y los de ahora la han vuelto a vincular. A saber qué harán los siguientes…

Por último, a partir de 2023, se iba a introducir un factor de sostenibilidad en el cálculo de las pensiones que pretendía adaptar la pensión a la esperanza de vida real.

Al final, lo que se quería hacer es repartir la misma cantidad de dinero en más años, con lo que, en realidad, nuestra pensión sería menor. La cantidad que antes se le daba a un jubilado a lo largo de veinticinco años se repartiría en treinta años (o los que sean). Lo miremos como lo miremos, esto sería, directamente, una bajada de las pensiones que hay que tener en cuenta a la hora de planificar para el futuro.

De momento se ha derogado la entrada en vigor de este factor y se ha sustituido por el llamado Mecanismo de Equidad Intergeneracional, pero, para empezar, podemos asumir que de una manera o de otra se las van a ingeniar para bajarnos las pensiones, en torno al 0,5 % anual. Es más que probable que nuestra tasa de sustitución baje por lo menos…

- Un 20 % si tenemos menos de 35 años.
- Un 15 % si tenemos entre 35 y 45 años.
- Un 10 % si estamos entre los 45 y los 55 años.
- Un 5 % a los mayores de 55 años.

Si no es directamente con un factor de sostenibilidad, lo harán endureciendo los criterios para tener derecho a la pensión máxima o no revalorizando las pensiones al ritmo de la inflación. El caso es que, de una manera o de otra, nuestra tasa de sustitución se va a deteriorar sí o sí.

Pero es que encima, si te va de lujo y te pagan un sueldazo o te forras de autónomo o con tu propio negocio, como los sistemas de pensiones están concebidos para dar más protección a los más vulnerables —que es lo suyo—, cuanto más ganes, más parte de tu jubilación vas a tener que financiar tú mismo.

LA REGLA DE ORO

Cuanto mejor te vaya, más tienes que ahorrar para el futuro.

3 TU VALOR NETO

Si ya sabemos qué necesidades vamos a tener en el futuro y con qué tasa de sustitución aproximada vamos a contar, podemos calcular qué diferencia anual tendremos que cubrir con nuestros ahorros para poder mantener nuestro estilo de vida.

LA REGLA DE ORO

Hay que contar con cubrir, como mínimo, un 20 % de nuestros ingresos actuales. Lo normal es que sea bastante más.

Y ahora viene el milagro de los panes y los peces, porque, cualquiera que sea la diferencia anual que vayamos a tener que cubrir, para poder hacerlo holgadamente, habrá que tener ahorros o activos por valor de veinticinco veces la cantidad que haya que cubrir. En otras palabras, nuestro valor neto disponible cuando nos jubilemos (el que calculamos sin la casa en la que vivimos) debería ser veinticinco veces esa diferencia… Que no es poco.

Aunque parezca que me he sacado este veinticinco de la manga, como si simplemente estuviera asumiendo que vamos a vivir veinticinco años desde el día que nos jubilemos, tiene más enjundia y justificación de lo que parece.

Además de que pensar que vamos a vivir veinticinco años de jubilación es bastante razonable hoy en día —y probablemente nos quedemos cortos—, en realidad esto está calculado para que no nos pulamos todos nuestros ahorros en vida, asumiendo que podríamos obtener una rentabilidad media sobre nuestras inversiones del 4 % (casualidades de la vida: 1/25 = 4 %) para mantener nuestros ahorros intactos o para pulirlos lo más lentamente posible si de media obtenemos rentabilidades inferiores.

Y, por si todavía no estáis convencidos de lo adecuado de este numerito, hay estudios empíricos que lo han verificado con la rentabilidad media de las carteras de inversión a largo plazo, y concluyen que, **si retiras el 4 % de tus ahorros al año desde el día que te jubiles, tienes un 90 % de posibilidades de no pulírtelos antes de irte al otro barrio.** Lo interesante es que, si en lugar del 4 % te gastas el 5 % de tus ahorros al año, esa probabilidad baja al 70 %. Es decir, tres de cada diez jubilados se quedarían sin dinero en algún momento. Y agarraos, que vienen curvas: si subimos el porcentaje al 6 %, las probabilidades ya son del 50 %, es decir, uno de cada dos jubilados no podría mantener su estilo de vida durante la jubilación.

No sé vosotros, pero con estos números yo prefiero ceñirme al 4 % o, lo que es lo mismo:

LA FÓRMULA MAESTRA

Cuando nos jubilemos, deberíamos tener unos ahorros que sean veinticinco veces la diferencia anual entre nuestros gastos y nuestros ingresos.

Si cogemos este valor neto que vamos a necesitar cuando nos jubilemos y le restamos nuestro valor neto actual, la diferencia es lo que tenemos que ahorrar de aquí a que nos jubilemos. Y, dependiendo de cuántos años nos queden para jubilarnos, ya sabremos cuánto tendríamos que ahorrar cada año para conseguir nuestro objetivo.

Pero no os alarméis. Estos serían los números si tuviéramos que ahorrarlo todo euro a euro, pero es más que posible que, si elegimos un buen producto de ahorro a largo plazo, el interés compuesto nos vaya haciendo una parte importante del trabajo.

Como dijimos al principio, para que esto funcione **hay que hacer estos números cada año e ir adaptando nuestro ahorro a largo plazo según vayan evolucionando nuestras circunstancias.**

Si estamos muy lejos de poder ahorrar las cantidades que hemos calculado, tendremos que tomar medidas más drásticas, como pensar en cambiarnos a otra casa más barata el día que nos jubilemos u optimizar nuestra estructura de gastos.

De todas formas, como en todo, lo importante es empezar cuanto antes para que el interés compuesto obre su magia y nos ayude a aumentar nuestro valor neto sin prisa, pero sin pausa.

TRUCOS PARA ELEGIR EL MEJOR PRODUCTO DE AHORRO A LARGO PLAZO

Ahora que sabemos lo que tenemos que ahorrar cada año para la jubilación, solo nos queda elegir el producto de ahorro a largo plazo que mejor se adecúe a nuestras necesidades, porque, dependiendo de la rentabilidad que nos den estos productos, el interés compuesto nos hará más o menos parte del trabajo sucio.

Por eso, aunque hay que tener el colchón de emergencia en la cuenta, tener el ahorro a largo plazo en una cuenta o depósito con rentabilidades prácticamente nulas no nos deja aprovechar el empujón que puede darle el interés compuesto a nuestros ahorros o, lo que es peor, si la rentabilidad que nos da es inferior a la inflación, directamente nuestro ahorro estará perdiendo valor y tendremos que ir ahorrando más y más. La inflación funciona un poco como un interés negativo: cada año, nuestros ahorros pierden un poquito de su valor según lo que suba el IPC.

LA REGLA DE ORO

Hay que intentar tener los ahorros a largo plazo en productos que nos den, como mínimo, una rentabilidad igual a la inflación.

Para que os hagáis una idea, el BCE tiene como objetivo mantener la inflación en torno al 2 % en la zona euro, pero ahora mismo la inflación está por encima y es posible que se mantenga así durante un tiempo. En cualquier caso, **hay que intentar sacar una rentabilidad mínima del 1,5-2 % para que nuestros ahorros no vayan perdiendo valor.** Todo lo que sean rentabilidades por encima de esos valores permitirá que tengamos que ahorrar menos y que podamos vivir mejor con el mismo dinero.

Si le habéis echado un ojo a la oferta de productos de ahorro y os ha parecido imposible aclararse, no estáis solos. Parece que las entidades financieras se han puesto de acuerdo para que no nos enteremos de nada. Pero, tranquilos, despacito y con buena letra se puede desliar esta madeja. Veamos todo lo que debemos saber antes de casarnos con uno de estos productos.

Y TÚ ¿DE QUIÉN ERES?

Lo primero que tenemos que saber es que, independientemente de quién los comercialice y aunque su funcionamiento pueda ser similar, por su naturaleza, hay dos tipos de productos de ahorro a largo plazo: los productos financieros de inversión y los seguros.

El producto financiero de ahorro a largo plazo por excelencia son los **planes de pensiones.** Como alternativas para cubrir la demanda de los ahorradores más conservadores, han surgido varios tipos de seguros de vida-ahorro con nombres casi imposibles de memorizar. Ordenémoslos un segundo para ir familiarizándonos con ellos:

- **Productos financieros de inversión**
  — Planes de pensiones
- **Seguros de vida-ahorro**
  — Planes de previsión asegurada (PPA)
  — Planes de jubilación de toda índole y condición
  — Planes individuales de ahorro sistemático (PIAS)
  — Seguros individuales de ahorro a largo plazo (SIALP)
  — Seguros *unit linked* (para complicarlo un poquito más, hay PIAS que son *unit linked,* pero ya hablaremos de eso)

La principal diferencia entre unos y otros, debido a la naturaleza misma del producto, es que, en el caso de los planes de pensiones, lo que estamos haciendo al realizar aportaciones es comprar participaciones del fondo de pensiones y, por lo tanto, seremos dueños de la parte proporcional de todas las inversiones (acciones, inmuebles, divisas, productos de renta fija, etcétera) que tenga ese fondo.

En cambio, cuando contratamos un seguro con un plan de ahorro asociado del tipo que sea, adquirimos un derecho de cobro de ciertas cantidades con ciertas condiciones por parte de la aseguradora, pero no somos dueños de las inversiones que haga esa aseguradora para conseguir las rentabilidades que nos ha prometido.

QUE NO SE TE OLVIDE

Si invertimos en un plan de pensiones, somos dueños de la parte proporcional de esas inversiones, mientras que si contratamos un seguro la propietaria de esas inversiones es la aseguradora.

Por la misma razón, un fondo de pensiones no puede quebrar. Lo que podría quebrar sería la gestora del fondo, pero, aunque esto sucediera, nosotros seguiríamos siendo dueños de los activos del fondo y el Banco de España designaría a otra gestora para administrarlo. Lo que sí podría pasar es que quebraran o se devaluaran algunas de las inversiones del fondo, por lo que podríamos perder parte de nuestro dinero, pero no todo. Tampoco importaría que quebrara el banco que nos ha vendido el plan de pensiones, puesto que solo es un intermediario, nosotros tenemos una participación directa en el fondo. Ojo, porque si el fondo tiene acciones de ese banco, entonces sí que nos afectaría la pérdida de valor de dichas acciones.

En el caso de los seguros, la situación es distinta porque, aunque en principio nuestra inversión está garantizada (con alguna excepción que luego veremos), las aseguradoras sí que pueden quebrar. Pero, como el Consorcio de Compensación de Seguros las obliga a «poner por separado» la parte del dinero que tienen comprometido con sus clientes —lo que se llaman las *provisiones matemáticas*—, y los criterios de solvencia que se les aplican a las aseguradoras son más estrictos que los de la banca, lo normal es que, aunque la aseguradora quiebre, recuperemos todo nuestro dinero o, por lo menos, gran parte.

Para ir sobre seguro, podemos verificar la ratio de solvencia de la aseguradora en el *Informe sobre la situación financiera y de solvencia (SFCR)* que se publica cada año.

Tanto los planes de pensiones como los productos de seguros están supervisados por la Dirección General de Seguros y Fondos de Pensiones, que vela por los intereses de los ahorradores para que no tengamos un disgusto.

DIME CUÁNTO ME DAS Y TE DIRÉ QUÉ RIESGO TIENES

Antes de nada, recordemos la regla de oro de la inversión, sea del tipo que sea:

LA REGLA DE ORO

Los milagros no existen: para obtener más rentabilidad hay que asumir más riesgos.

Como el plan de pensiones es un producto de inversión, lo que pretende es dar rentabilidades atractivas, pero, claro, asumiendo algún riesgo. Es decir, no te garantiza ni la rentabilidad ni que recuperes el cien por cien del dinero que has puesto. A cambio, las rentabilidades que puedes obtener a largo plazo son bastante buenas.

Aun así, para que no nos dé un infarto antes de los cuarenta, hay planes de pensiones para los distintos perfiles de inversión dependiendo de en qué invierta el fondo. Los planes de pensiones más conservadores son los que invierten en renta fija, y los más arriesgados, los que invierten en renta variable. Entre medias, hay planes mixtos con proporciones distintas de renta fija y variable para adecuarse a los distintos perfiles de riesgo de cada inversor.

La oferta de planes de pensiones en España es amplia, pero todavía, comparada con otros países, tiene que crecer y volverse más competitiva. Lo que sí hay es muchas diferencias entre fondos, así que conviene enterarse de cuáles son los que mejor funcionan y están dando más rentabilidad a largo plazo.

QUE NO TE LA DEN CON QUESO

Aunque el señor del banco o el comercial del producto nos diga que el año pasado o los últimos tres meses ganaron mucho, lo que queremos saber son las ganancias que ese producto tiene acumuladas en los últimos diez o quince años.

Como al público español no le gusta el riesgo, las aseguradoras vieron el filón y se inventaron los **seguros de vida-ahorro,** que sí garantizan el capital y una rentabilidad mínima que, como asumimos poco riesgo, suele ser modesta. En según qué casos, también nos pueden dar una proporción de los beneficios extras si los hubiera.

Es decir, en los planes de jubilación, los PPA, los PIAS y otros seguros de vida-ahorro, sabemos el mínimo que nos van a dar por nuestro dinero y, a veces, si las cosas van bien y así está estipulado en nuestro contrato, nos darán un poco más (el porcentaje de participación en los beneficios que hayamos pactado). En general, los que nos ofrecen participación en los beneficios suelen garantizar una rentabilidad menor.

Para atraer a los clientes que están en medio y no acaban de decidirse entre seguridad y rentabilidad, surgieron productos intermedios por los dos lados.

Por el lado de los bancos, aparecieron los **planes de pensiones garantizados** que sí nos aseguran que, como mínimo, vamos a recuperar todo nuestro dinero. Pero, ojo, porque esta garantía no nos la da el fondo, sino el banco o la entidad financiera que lo comercializa, que sería el que pondría la diferencia si el día que tocara rescatar nuestra participación en el fondo no llegáramos al cien por cien. La trampa está en que esta garantía solo se aplica el día que nos jubilemos, pero, si rescatamos el fondo antes, por incapacidad o porque nos quedamos sin trabajo o nos queremos cambiar a otro fondo, y en ese momento el fondo diera pérdidas, no nos cubriría.

Por el lado de los seguros, para dar un poquito más de rentabilidad a los clientes que quieren más marcha, surgieron productos como los SIALP, que garantizan un 85 % del capital y dan un poquito más de rentabilidad, o los *unit linked*, que no nos garantizan el capital, pero nos permiten elegir unas cestas de inversiones con más o menos riesgo. Estos seguros permiten, además, ir cambiando las cestas a nuestro gusto según queramos arriesgarnos más o menos. Debido al éxito que han tenido, en los últimos años se ha ampliado la oferta de PIAS para incluir productos que funcionan como *unit linked* y que también nos permiten ir adaptando nuestro perfil de riesgo.

Resumiendo, los productos de ahorro se pueden clasificar así:

- **Garantizados, con una rentabilidad fija, o fija más una participación en beneficios**
  - — PPA
  - — Planes de jubilación
  - — PIAS garantizados
  - — Planes de pensiones garantizados
- **Semigarantizados**
  - — SIALP (85 % del capital garantizado)
- **No garantizados**
  - — Planes de pensiones
  - — *Unit linked*
  - — PIAS *unit linked*

Cabe destacar que, aunque un producto no garantice nuestro capital, no significa que podamos perderlo todo. Con la supervisión tan estricta a la que están sometidos estos productos es prácticamente imposible que no recuperemos una parte muy importante de nuestra inversión.

Y lo que sí tenemos que saber es que, **por ley, uno puede mover el dinero de un plan de pensiones a otro sin ninguna penalización ni comisión, y sin pagar impuestos sobre las ganancias que hayamos acumulado.** Si no estamos contentos o nuestro perfil de riesgo cambia con la edad, **podemos ir cambiando nuestro dinero de un plan a otro sin problemas.**

También se puede traspasar el dinero de un plan de pensiones a un PPA y viceversa, de un PPA a otro PPA, o de un PIAS a otro PIAS, pero no de un PIAS a un plan de pensiones o a un PPA, ni al contrario. Parece un trabalenguas, porque lo es, pero es importante que sepamos que, aunque estos sean productos concebidos para el largo plazo, eso no significa que tengamos que casarnos con ellos.

*** QUE NO SE TE OLVIDE**

Lo suyo es revisar la oferta periódicamente (cada cinco años, por ejemplo) y ver si nos compensaría mover nuestros ahorros a otro plan.

La razón por la que no se puede traspasar el dinero de un plan de pensiones o de un PPA a un PIAS es porque la fiscalidad es distinta, pero a medida que se homogeneice el tratamiento fiscal de estos productos, que es de esperar que ocurra para ahorrarnos más de un dolor de cabeza, lo normal sería que se pudiera cambiar de un producto a otro más alegremente.

Y, ojo, traspasar es traspasar, no cancelar un producto y contratar otro, porque en ese caso podemos tener que pagar comisiones e impuestos distintos. Lo normal es que la entidad donde contratemos el nuevo se encargue del traspaso.

LA REGLA DE ORO

Cuanto más jóvenes seamos, más riesgos podemos asumir.
A medida que nos vayamos haciendo mayores,
tendremos que ir optando por productos más conservadores.

DAME FLEXIBILIDAD, QUE LA VIDA ES MUY LARGA

La mayoría de estos productos nos ofrecen mucha flexibilidad para aumentar o disminuir las cuotas que vamos pagando, hacer pagos extraordinarios o incluso dejar de hacer aportaciones durante algún tiempo.

Ojo, porque algunos productos tienen aportaciones anuales máximas.

EXPLÍCAME CLARAMENTE CUÁNTO ME VAS A COBRAR

Aunque desde luego hay que fijarse muy bien en todas y cada una de las características de un producto de ahorro, nunca debemos olvidarnos de las comisiones, porque se pueden comer nuestra rentabilidad en un santiamén. En particular, hay que fijarse en si hay comisiones de suscripción, contratación o rescate, por si queremos traspasar nuestro plan de pensiones o nuestro seguro de ahorro a otra entidad, que no nos obliguen a casarnos con otro producto del banco, y que las comisiones de gestión y de administración estén dentro de los máximos legales, si se trata de fondos de pensiones, y sean competitivas, en el caso de los seguros.

Estos últimos merecen mención especial, en particular los PIAS. A veces las comisiones no están muy claras y hay diferencias que pueden ser muy significativas entre unos y otros, porque, además, como invierten en fondos de inversión, estos pueden tener comisiones adicionales a las de gestión del propio producto.

Ya sabéis, ante la duda, preguntad sin parar. Tenemos que saber con certeza qué comisiones vamos a pagar antes de contratar un producto. Si el comercial no es capaz de explicárnoslo claramente, mejor mantenerse alejado del producto en cuestión.

LA REGLA DE ORO

Si no somos capaces de entender exactamente cuántas comisiones vamos a pagar, mejor no contratar ese producto.

Además, algunos PIAS tienen cláusulas complejas sobre consolidaciones monetarias, pérdida de capital en caso de rescate anticipado y rentabilidades máximas, que es necesario entender bien antes de firmar nada. Transparencia ante todo.

LIQUIDEZ. ¿CONVIENE ATAR NUESTROS AHORROS?

Otra de las diferencias fundamentales entre unos productos de ahorro a largo plazo y otros es su liquidez: la posibilidad que tengamos o no de rescatarlos antes de tiempo. En este sentido, los productos menos líquidos son los planes de pensiones y los PPA, que están concebidos única y exclusivamente para ahorrar para la jubilación y, por lo tanto, solo se pueden rescatar cuando nos jubilemos o por causas de fuerza mayor. Desde 2025, se pueden rescatar también todas las aportaciones que tengan diez años o más de antigüedad.

Los otros productos, como los PIAS o los *unit linked* —aunque hemos de tener en cuenta sus condiciones particulares—, se pueden rescatar pasado un tiempo mínimo desde su contratación, si bien para beneficiarnos de las ventajas fiscales de un PIAS hay que mantenerlo por lo menos cinco años, igual que los SIALP.

Recapitulando…

- **Productos muy poco líquidos**
  - — Planes de pensiones
  - — PPA
- **Productos de liquidez supeditada a las ventajas fiscales**
  - — PIAS
  - — SIALP
- **Productos líquidos**
  - — Seguros *unit linked*
  - — Otros planes de jubilación y seguros de vida-ahorro

En principio, la falta de liquidez se suele ver como una desventaja, pero a mí —sobre todo si, como deberíamos, empezamos muy jóvenes a ahorrar para la jubilación— me parece una ventaja, porque la vida es larga y retorcida, y, si nos dejan, la tentación de rescatar nuestro dinero antes de tiempo, en según qué fases de la vida, puede ser enorme y, aunque nos sirva para salir de un apuro, nos puede dejar vendidos para el día en que nos jubilemos.

EL QUID DE ESTA CUESTIÓN ES LA FISCALIDAD

Ha llegado el momento de estar muy atentos, porque esto es importante. Como decíamos, tanto los planes de pensiones como su equivalente en el mundo de los seguros, los planes de previsión asegurada o PPA, están concebidos única y exclusivamente para diferir ingresos de hoy a nuestra jubilación. Por eso no son nada líquidos ni nos dejan rescatar el dinero antes de jubilarnos y, por eso también, Hacienda les da un tratamiento muy particular.

Las aportaciones que hagamos a estos productos (planes de pensiones o PPA) son deducibles de nuestra declaración de la renta. Como los tramos del IRPF van desde el 19 % hasta el 47 %, dependiendo de lo que ganemos, por cada 1.000 euros que aportemos a nuestro plan de pensiones o PPA podemos ahorrarnos entre 190 y 470 euros en nuestra declaración.

Pero, ojo, porque esto no significa que nos ahorremos estas cantidades para siempre, sino que estos impuestos los pagaremos el día en que nos jubilemos y rescatemos nuestro plan, porque ese dinero tributa en el IRPF como rendimientos del trabajo. Es decir, por cada 1.000 euros que rescates de tu plan pagarás el día de mañana entre 190 y 470 euros de impuestos, dependiendo de lo que ganes en ese momento y del tramo del IRPF (entre el 19 % y el 47 %) en el que estés.

Por eso, no suele compensar rescatar un plan de pensiones de golpe, porque te podría subir el tramo de la renta al temido 47 %, y suele ser mejor ir rescatándolo en forma de rentas periódicas para pagar menos impuestos.

El problema principal de este tipo de fiscalidad es que no solo es que vayamos a pagar en el futuro lo que hemos dejado de pagar hoy, que estaría bien, sino que la rentabilidad que saquemos también tributa en esa misma franja entre el 19 % y el 47 %, mientras que, normalmente, las rentabilidades de los productos de ahorro tributan en una franja que oscila entre el 19 % y el 28 %.

Como veis, cuando nos dicen que nos podemos desgravar las aportaciones, no es tan chollo como parece. Esto le conviene a gente a la que le cueste mucho ahorrar —si y solo si invierte también el ahorro fiscal—, porque se puede beneficiar de la deducción para ahorrar un poco más y, sobre todo, a gente con ingresos altos o autónomos que estén en los tramos altos del IRPF y se puedan aplicar la deducción por el 30-47 %, pero luego, el día que se jubilen, como su tasa de sustitución es muy baja, van a estar en tramos más bajos del IRPF y los impuestos que pagarán, si van rescatando el plan poco a poco, serán menos que ese 30-47 % que se ahorraron en su momento. Hablando en plata, esta fiscalidad solo compensa si nuestra tasa de sustitución es muy baja o si vamos a aprovechar toda la deducción para ahorrar más y, sobre todo, para que nos compense hay que estar dispuestos a hacer números para que no nos crujan con los impuestos.

✱ QUE NO SE TE OLVIDE

Como los planes de pensiones y los PPA tributan como rentas del trabajo, la fiscalidad de estos productos es interesante para gente que tenga ingresos altos con tasas de sustitución muy bajas.

Precisamente porque se ha visto que estas deducciones benefician más a las rentas altas, el Congreso está valorando eliminarlas, y es más que posible que la fiscalidad de estos productos cambie gradualmente en los próximos años. Pero hasta que ocurra es lo que hay.

Lo fundamental es darse cuenta de que el día que queramos rescatar nuestro dinero del plan de pensiones o del PPA vamos a pagar impuestos sobre el cien por cien de lo que vayamos cobrando para compensar la deducción que nos aplicamos en su día, mientras que con los otros productos de ahorro, como no nos hemos desgravado nada, solo se pagan impuestos por las plusvalías, es decir, por la rentabilidad que les saquemos a nuestros ahorros. Estas rentabilidades, además, tributan como rentas del capital mobiliario, entre un 19 % y un 28 %.

LA REGLA DE ORO

Con los productos de ahorro que tributan como rentas del capital mobiliario (todos menos los planes de pensiones y los PPA) no podemos desgravarnos las aportaciones, pero el día que cobremos solo pagaremos impuestos sobre lo que hayamos ganado.

OJO CON EL RESCATE

Como hemos visto en el apartado anterior, cómo rescatemos nuestro plan de pensiones o nuestro seguro de ahorro puede determinar cuántos impuestos tengamos que pagar, y las diferencias pueden ser enormes. Es necesario planificar el rescate con tiempo y valorar cuántos impuestos habrá que pagar en cada caso.

EL TRUCO DEL ALMENDRUCO

Por regla general, cuanto más escalonadamente rescatemos nuestro plan de pensiones o nuestro seguro de ahorro, menos impuestos tendremos que pagar.

MENCIÓN ESPECIAL PARA LAS RENTAS VITALICIAS

Las rentas vitalicias son un producto de seguros que consiste en que tú pagas una cantidad cuando las contratas y, a cambio, la aseguradora te da un sueldo el resto de tu vida. Es decir, ellos se encargan de invertir y administrar tus ahorros para que te duren toda la vida y no tengas que volver a preocuparte.

En principio, si contratas una renta vitalicia pura cuando te jubiles, el día que te vayas al otro barrio se acabó y tus herederos no cobran nada, pero hay alternativas (aunque significa que tu renta será un poco más baja) para que les quede algo a tus hijos si quieres.

Básicamente, si la espichas pronto, la aseguradora gana, y si vives mucho ganas tú; pero, sobre todo, te evitas el estrés de tener que ver cómo tus ahorros van bajando y de tener que invertirlos para que te duren toda la vida.

Como al Estado le interesa que contratemos este tipo de producto para asegurarse de que no nos quedamos sin dinero a la mitad de la jubilación, tienen un tratamiento fiscal muy ventajoso y, dependiendo de a qué edad empieces a cobrar la renta, solo pagas impuestos por una parte de ella:

Edad	% de la renta que tributa	Tipo efectivo con un tipo sobre el ahorro del 19 %
Menores de 40 años	40 %	7,60 %
Entre 40 y 49 años	35 %	6,65 %
Entre 50 y 59 años	28 %	5,32 %
Entre 60 y 65 años	24 %	4,56 %
Entre 66 y 69 años	20 %	3,80 %
A partir de 70 años	8 %	1,52 %

Eso no es todo —redoble de tambores—: para animarnos a contratar una renta vitalicia con nuestros ahorros cuando nos jubilemos, Hacienda ha decidido que, si pasados los 65 años vendes cualquier tipo de inversión (una casa, un negocio, fondos de inversión, acciones o lo que sea) y, en el plazo de seis meses, inviertes ese dinero en una renta vitalicia, no tienes que pagar impuestos por las ganancias que hayas tenido en esa inversión.

En el caso de los PIAS, si lo mantienes cinco años y lo rescatas en forma de renta vitalicia no hay que pagar impuestos por las ganancias que hayas tenido, independientemente de la edad.

En definitiva, si optas por una renta vitalicia y te organizas bien, puedes no pagar prácticamente impuestos sobre tus inversiones.

Contratar una renta vitalicia que nos cubra la brecha de jubilación puede ser muy interesante y ahorrarnos, además de disgustos, muchos impuestos.

Esto vale para cualquier inversión **menos** para los planes de pensiones y los PPA, que siempre tienen que pasar por caja como rentas del trabajo. Francamente, hasta que no se revise la fiscalidad de estos productos, mucho nos tienen que compensar los números y muy claro lo tenemos que ver para que nos salga a cuenta meternos en ese fregado.

HAY VIDA MÁS ALLÁ DE LOS PLANES DE PENSIONES

Os habrá quedado más o menos claro que, aunque la oferta de seguros de vida-ahorro es bastante amplia y crece a buen ritmo, en comparación, la oferta de productos de inversión pensados para la jubilación es un poco pobre. A falta de que los banqueros le saquen un poco de punta a su creatividad y se inventen algún producto nuevo que se adecúe mejor a lo que de verdad necesitamos, la alternativa a los planes de pensiones son ni más ni menos que los fondos de inversión.

De hecho, los fondos de inversión y los fondos de pensiones, desde el punto de vista de las inversiones que hacen, los riesgos que asumen y cómo se gestionan, son primos hermanos, con la ventaja de que los fondos de inversión son completamente líquidos y la desventaja de que las comisiones máximas son algo superiores a las de los fondos de pensiones, pero, como el mercado es más competitivo, hay muchos que cobran unas comisiones iguales o mejores que las de los fondos de pensiones.

Además, la ley también permite traspasar el dinero de un fondo a otro sin pasar por caja. Es decir, si vamos ahorrando en un fondo de inversión, traspasando nuestros ahorros de un fondo a otro según vaya evolucionando nuestro perfil, y no rescatamos la inversión hasta pasados los 65 años, si contratamos una renta vitalicia, no vamos a pagar impuestos por lo que hayamos ganado con ella a lo largo de los años. Un chollo.

Sobre cómo elegir un fondo de inversión hablaremos largo y tendido en el capítulo 10.

CUANDO LA HIPOTECA SE LO COME TODO

Aunque todos deberíamos ahorrar para la jubilación, hay mucha gente que dedica una proporción tan alta de sus ingresos a pagar la hipoteca que no tiene prácticamente capacidad de ahorro adicional ni, previsiblemente, vaya a tenerla hasta que acabe de pagarla, cuando la jubilación esté ya a la vuelta de la esquina.

Para los que tienen todos sus ahorros en la casa, hay varias opciones de cara a la jubilación. La obvia es vender dicha casa y comprarse otra más barata para poder vivir de lo que nos quede. Pero, si esto no es posible o directamente no queremos, hay productos financieros que nos pueden ayudar a vivir de nuestra casa y seguir viviendo en ella.

Las aseguradoras ofrecen lo que se llaman *rentas vitalicias inmobiliarias*. En función de lo que valga tu casa, la aseguradora te dará una renta mensual mientras vivas y, cuando te vayas al otro barrio, se quedan con la vivienda. El producto bancario equivalente es la *hipoteca inversa* y, en este caso, es el banco el que te paga una mensualidad mientras vivas y se queda con tu casa cuando la espiches.

En cualquier caso, hay tanta gente en estas condiciones que probablemente salgan más productos adaptados a esta situación particular.

UN MINUTO PARA LA DEPENDENCIA

Otra situación sobre la que no es agradable pensar, pero que merece la pena tener en cuenta, es la posibilidad de que en algún momento de nuestra vida podamos estar en situación de dependencia o gran dependencia y requerir cuidados constantes. Es conveniente hablar de ello con nuestra familia para que sepa cómo nos gustaría que lo gestionara llegado el caso y de qué recursos económicos dispondría para pagar los cuidados necesarios en una residencia o con personal cualificado. Como hay pocos bolsillos que lo aguanten, no está de más dedicarle un minuto a valorar la posibilidad de incluirlo en las coberturas de nuestro seguro de vida o contratar un seguro específico que lo cubra.

PARA NOTA

- ✓ Has hecho tu plan de jubilación y lo revisas cada año.
- ✓ Sabes cuál es la diferencia que vas a tener que cubrir el día que te jubiles.
- ✓ Sabes cuánto tienes que ahorrar cada año para cubrirla.
- ✓ Has elegido un producto adecuado para canalizar tu ahorro a largo plazo y…
  - ✓ Conoces el riesgo que estás asumiendo y la rentabilidad que puedes esperar.
  - ✓ Sabes exactamente qué comisiones te cobran y a cuánto asciende la broma.
  - ✓ Entiendes toda la letra pequeña del contrato.
  - ✓ Estás al tanto de la fiscalidad de tus productos de ahorro e inversión, tanto ahora como el día que te jubiles.
  - ✓ Has comparado por lo menos tres ofertas.
  - ✓ Cada cinco años revisas qué productos hay en el mercado y, llegado el caso, traspasas tus ahorros a un producto más competitivo que se ajuste mejor a tus necesidades.
- ✓ Has pensado en cómo financiar tus cuidados en caso de dependencia y lo has hablado con tu familia.

9
Invierte en tu futuro

Si el ahorro es como repartir el *frosting* de la tarta, la inversión es como hacer la masa madre del pan ese correoso que les encanta a las *influencers* minimalistas: lo que pretendemos es que la masa suba sola y se multiplique sin darnos demasiado trabajo. Cuando ahorramos estamos guardando un euro hoy para gastarlo mañana, y lo que pretendemos cuando invertimos es que mañana, en lugar de un euro, haya un euro y, por arte de birlibirloque, algunos céntimos más.

Al común de los mortales, cuando pensamos en invertir, nos vienen a la cabeza imágenes de rascacielos neoyorquinos plagados de oficinas en ebullición con tíos remangados gritando «¡compra!, ¡no, no!, ¡vende!» o, si somos un poco más modernos, una panda de adolescentes imberbes con pocas aptitudes sociales programando sin parar en algún garaje californiano.

En lo que no solemos caer es en que la inversión no tiene por qué ser siempre algo tan remoto, tan exótico y tan fuera de nuestro alcance. En realidad, desde el día mismo en que nacemos, no paramos de invertir. Nadie se libra, porque, al final, la inversión no es otra cosa que renunciar a algo hoy para tener algo y un poquito más en el futuro.

Desde guardar las cosas en su sitio para no perder tiempo buscándolas mañana, hasta ir a la academia de inglés, cuando lo que nos apetecía era pasarnos la tarde comiendo pipas con nuestros amigos, pasando por esa clase de pilates que nunca nos viene bien…, todo es, en realidad, una forma de invertir en un futuro mejor.

Así que antes de liarnos con la bolsa o los fondos de inversión, conviene pararse un segundo y pensar en todas esas cosas tan de todos los días que pueden, sin embargo, marcar la diferencia entre un futuro de estrecheces y uno de lujo y desenfreno.

LA MÁQUINA DE HACER DINERO

A riesgo de sonar como una gurú de la autoayuda, es fundamental darse cuenta de que nuestro mayor activo financiero somos nosotros mismos. Me rechina decirlo, pero es que es así.

Ahora mismo tenemos varias inversiones, pero, cuando la gente me pregunta, siempre digo que mi mejor inversión es el hilo dental. Porque lo pienso.

Una de las formas más habituales de juzgar una inversión es lo que se llama el *retorno de la inversión,* lo que los entendidos llaman ROI, que no es otra cosa que el beneficio que esperas obtener de esa inversión dividido entre el coste, o sea, lo que inviertes.

«

GRANDES PALABROS DE LA HISTORIA FINANCIERA

Retorno de la inversión = (valor al final de la inversión – valor cuando invertimos)/valor cuando invertimos

»

Dónde voy a encontrar una inversión como la del hilo dental que, por 0,6 euros que me cuesta el rollito, me pueda ahorrar un implante de 6.000 euros, lo que significa un retorno de la inversión del 10.000 %. Para que os hagáis una idea, Netflix, uno de los mayores éxitos empresariales de la última década, acumuló un ROI del 3.500 % entre 2009 y 2019, ni la mitad que mi modesto rollo de hilo dental.

Pocas cosas hacen más mella en la situación financiera de una persona, sobre todo a largo plazo, que la salud. No solo porque una mala salud puede limitar nuestra capacidad de ganar dinero, sino porque, además, puede multiplicar nuestros costes, especialmente después de la jubilación, cuando ya tenemos muy poca capacidad de reconducir nuestra situación económica.

Parece una frase hecha, pero pocas cosas más rentables podéis hacer que evitar enfermedades crónicas como la diabetes o el colesterol haciendo ejercicio y comiendo sano. Ni invertir en acciones de Apple ni gaitas: dos limpiezas de boca al año te pueden ahorrar una dentadura nueva al módico precio de seis mil euros por diente, una fortuna.

Por si todavía no estáis convencidos, pongámonos más financieros. Si tenemos buena salud, no solo nos van a salir más baratos muchos seguros —como el seguro médico y el de vida—, es que, además, podremos trabajar más años y tener una mejor tasa de sustitución, porque los sistemas de pensiones penalizan las jubilaciones anticipadas y bonifican cada año de más que trabajemos. Es decir, llegar a los 60 años en buena forma puede marcar la diferencia entre una pensión que no cubra nuestros gastos y otra que sí.

Nos pongamos como nos pongamos, invertir en tu salud y en la de los tuyos tiene un retorno de la inversión imbatible.

*** QUE NO SE TE OLVIDE**

Tu mejor inversión eres tú.

ACTUALIZA TU *SOFTWARE*

Otra de las cosas de la que muchas veces nos olvidamos es de actualizarnos profesionalmente hablando. De alguna manera parece que la vida está dividida entre estudiar, trabajar y jubilarse, por ese orden. Pero no deberíamos dejar de formarnos solo porque ya hemos empezado a trabajar. Actualizarse es una manera estupenda de ganarse el acceso a trabajos mejor pagados, hacernos más difíciles de sustituir y dar un empujón a nuestra economía.

Todo lo que nos pueda servir para ganar más en un futuro, aunque signifique hacer un esfuerzo hoy, es una buena inversión. Con lo rápido que avanzan el mundo y las tecnologías, no podemos permitirnos el lujo de quedarnos anticuados, porque eso limita nuestra capacidad de ganar dinero y nos hace muy vulnerables si nos quedamos sin trabajo.

LA REGLA DE ORO

Igual que, aunque nos compremos el iPhone más molón del mercado, tenemos que actualizar el *software* cada cierto tiempo, nosotros deberíamos actualizar nuestro *software* periódicamente para mantener nuestro valor en el mercado laboral.

Ya que vamos a invertir tiempo en ello, seamos prácticos y concentrémonos en cultivar cosas que quiera el mercado. Una forma fácil de hacerlo, aunque no tengamos ninguna intención de cambiar de trabajo, es buscar ofertas de puestos parecidos o, mejor todavía, un poquito mejores, y ver qué piden y qué podemos hacer para cubrir los requisitos que todavía no cumplamos. Al final, no se trata de hacer un curso de corte y confección si somos administrativos, pero sí, a lo mejor, de hacer un curso para poder trabajar con un *software* distinto al que utilizamos en la empresa, ir a un congreso sobre un tema relevante en nuestro sector o hacer un curso *online* para estar al día en las últimas tecnologías. Lo que sea. En esto, como en todo, la creatividad es un plus.

Se trata de aumentar nuestra competitividad invirtiendo en lo que los entendidos llaman *capital humano,* que, como deberíais saber, es uno de los activos económicos más importantes de un país y, a título personal, nuestro capital más importante.

OTRAS FORMAS DE INCREMENTAR TU CAPITAL HUMANO

Todo lo que nos ayude a cultivar e incrementar nuestro capital humano es una gran inversión. Aunque los másteres y los cursos de posgrado están muy bien, no hay por qué limitarse a la educación reglada. Incrementar nuestro capital humano también puede pasar por...

- **Reconocer —y que nos reconozcan— nuestro valor real.** De nada sirve que invirtamos en nosotros mismos si luego vamos a vendernos barato. Si esto pasa por contratar un *coach,* hacer un curso de meditación o repetir afirmaciones positivas para que no nos dé corte pedir un aumento de sueldo, una timidez que sufrimos muchas mujeres y que no ayuda a cerrar la brecha salarial, así sea.
- Muchas veces **la experiencia es clave** y no se puede sustituir por formación. En estos casos, a veces puede compensar desempeñar ciertas labores o hacer ciertos trabajos aunque sea de manera gratuita durante un tiempo para adquirir la experiencia necesaria.
- **Formarse en temas transversales,** como —redoble de tambores— finanzas. Os gustará saber que el tiempo y el dine-

ro que estáis invirtiendo en leer este libro os puede dar un retorno de la inversión más que atractivo, porque todos los estudios corroboran que el bienestar financiero de una persona depende directamente de su nivel de educación financiera. Pero también formarse en cosas que son útiles en casi cualquier ocupación, como hablar en público, expresarse correctamente o técnicas de negociación.

- **Leer,** sin más. Parecerá una sosería de consejo, pero los estudios son claros meridianos: casi nada se correlaciona tan bien con el éxito profesional y, a la sazón, en la vida como la capacidad y la comprensión lectora, un músculo que, como todos, conviene ejercitar a diario.
- Y ya no solo leer, mantenerse al día y estar al tanto de lo que pasa en el mundo es fundamental para no quedarse atrás. **Estar informado** es siempre un valor en alza.

POR UN FUTURO SIN NIÑOS

De nada vale que le dediquemos todo el sudor y las lágrimas del mundo a planificar nuestro retiro soñado si, llegado el día, todavía tenemos la casa llena de bocas que alimentar. Dar a nuestros hijos la educación financiera necesaria para que se conviertan en personas de bien, independientes y capaces de gestionar su economía sin tener que recurrir siempre al banco que menos interés cobra —el de papá y mamá— es una de las mejores inversiones que podemos hacer.

Aunque hay iniciativas —tímidas— para incluir la educación financiera en colegios y universidades, en la actualidad esta labor recae única y exclusivamente sobre los hombros de los padres, así que es importante que sepamos qué debemos enseñar a nuestros hijos para que salgan de casa bien equipados.

PREDICAR CON EL EJEMPLO

Se dice, porque es así, que uno educa más con sus actos que con sus palabras. Pensemos pues que, de primeras, nuestros hijos tienen muchas papeletas de repetir todo lo que han visto en casa. Y en especial, me temo, lo malo.

EN ESTA CASA SÍ SE HABLA DE DINERO

Esto es fundamental para fomentar una cultura financiera abierta y sin tabús. Claro que, si os pasáis, os puede pasar como a mis padres, que se quedaron a cuadros cuando por mis 17 años pedí un plan de pensiones y, a los 18, acciones de Repsol.

COMPRARLES UNA HUCHA

Nada mejor para entender el concepto de ahorrar que una hucha con ranura de las de toda la vida.

«ESTO, DE TU DINERO»

Una de las mejores formas para que los niños empiecen a entender la diferencia entre las necesidades y los deseos es instaurar la sana costumbre de que los extras salgan de su hucha y no del bolsillo de los padres. Yo esto lo llevo tan a rajatabla que la quinta, con apenas 5 añitos recién cumplidos, vino a pedirme un vestido para su muñeca y, anticipándose, me dijo: «Yo pago la mitad». No es lista mi niña ni nada.

LA PAGA

El siguiente paso, como no podía ser de otra forma, es la paga para que los niños aprendan a operar con ingresos regulares y gastos no tan predecibles y se vayan dando cuenta de que para poder tomar helados en verano igual hay que ahorrar un poco en invierno. Los 8 o 9 años son una edad estupenda para empezar con la paga; lo difícil es dar con el importe justo para que sea suficiente para servir de estímulo, pero requiera apretarse el cinturón un poco.

LA HUCHA VIRTUAL

El dinero físico está muy bien, y hay que conocerlo, pero cada vez es menos representativo de lo que va a ser nuestra vida financiera. Por eso, desde hace unos años, yo funciono con una hucha virtual: un Excel en el que apunto los gastos y los ingresos de cada niña, y que ellas pueden consultar cuando quieren y tanto retirar como meter dinero que en realidad sale y entra de mi bolso. La verdad es que empecé para que dejaran de sisarse dinero unas a otras de los cerditos, pero me ha dado tan buen resultado y es un ejercicio tan bueno como paso intermedio entre la hucha y el banco que os lo recomiendo encarecidamente para niños a partir de los 7 u 8 años.

Por un lado, los ayuda a ver los gastos y los ingresos alineados, y a entender cómo evolucionan los saldos en función de los movimientos que hagan y, por otro, puede incluso ayudarlos a entender el concepto de *amortizar una deuda* porque, en según qué caso, les dejo endeudarse un poco conmigo y luego se lo voy descontando de la paga.

Sirve muy bien también para ver las distintas personalidades financieras de cada uno. Mientras que la primera vive en números rojos y la cuarta le sigue de cerca, gastándose todo lo que pilla como si no hubiera un mañana, la segunda se administra con muy buen criterio. La tercera está tan en otro mundo que de vez en cuando se le acumula el dinero y decide, *motu proprio,* donarlo a alguna ONG, y la quinta, por su parte, se ha convertido en el banco de sus hermanas, que siempre que andan justas recurren a ella para financiar sus dispendios.

EL TIPO DE INTERÉS

Recuerdo perfectamente quién me enseñó cómo funciona el sistema financiero. Tendríamos unos 8 años, y mi prima y yo estábamos jugando a los bancos —a sugerencia de la que escribe, que ya apuntaba maneras—. Mi tío, que nos estaba haciendo de banquero, nos explicó que si yo metía dinero en su banco me iba a pagar una pequeña cantidad porque luego le iba a prestar ese dinero a mi prima y le iba a cobrar más para dejárselo. Allí mismo, con el dinero del Monopoly, me explicó que esa cantidad que me iba a pagar por poner el dinero en su banco es el tipo de interés, y que el banco siempre paga menos intereses de los que cobra cuando presta ese mismo dinero, porque si no se queda sin fichas.

Yo, que soy menos enrollada que mi tío y estoy fatal de lo mío, lo que he hecho es meter el concepto en mi hucha virtual y les doy intereses a las niñas por los saldos positivos que tienen en mi Excel, igual que les cobro por los números rojos, a ver si mi hija mayor entiende de una vez por todas que vivir por encima de sus posibilidades es muy caro.

Sea como fuere, es conveniente que los niños entiendan cómo funciona un banco como tarde a los 12 años, antes de tener su primera cuenta.

TU PRIMER BANCO, CHISPAS

Este paso es importante darlo en la adolescencia para que aprendan a dar la cara en la ventanilla, lo que son las comisiones, y para que se familiaricen con los distintos medios de pago y servicios bancarios. En casa todavía solo lo ha dado la primera, pero la he obligado a ir a dos bancos, sola, para que le explicaran las características de las cuentas para menores que tienen y pudiera comparar las condiciones y las comisiones antes de abrir la cuenta. Entre los 13 y los 15 años es una buena edad para abrir la primera cuenta personalmente.

EL PRESUPUESTO

Una vez que ya tengan cuenta, es importante que los adolescentes aprendan a administrar conceptos un poco más sofisticados. Hay que ir dándoles más paga para que vayan pagando más cosas de su bolsillo, como la ropa, el teléfono móvil o el material escolar (no los libros de texto, pero sí el material fungible, como cuadernos, bolis, etcétera) y que vayan entendiendo el carácter estacional de algunos gastos y que hay que guardar para *porsiacasos*, y animarlos a que empiecen a planificar un poco poniendo sus gastos sobre papel por categorías.

EL MEDIO Y EL LARGO PLAZO

A estas alturas, es importante también que los jovenzuelos empiecen a tener en cuenta que hay cosas, como puede ser el carné de conducir, un viaje o una bici de montaña, para las que hay que ahorrar durante más tiempo, incluso años, y que es necesario planificar un poco.

Si nuestros hijos han aprendido todo esto antes de empezar la universidad, ya vamos bien. Luego ya les podéis regalar este libro y que sea lo que Dios quiera.

PARA NOTA

- ✓ Te cuidas y sabes lo importante que es para tus finanzas estar sano y en forma.
- ✓ Sigues formándote en lo tuyo para poder avanzar y estar al día de las últimas novedades en tu campo.
- ✓ Nunca has dejado de invertir en tu capital humano.
- ✓ Estás educando a tus hijos para que puedan gestionar sus finanzas con criterio.

10
Pon tu dinero a trabajar

Hace muchos años, en un viaje Madrid-San Sebastián que hice con mi padre, allá por Burgos, me preguntó por mi trabajo. Por aquel entonces, yo trabajaba en París de analista en bolsa y le conté un informe que acababa de publicar sobre una empresa cementera. Básicamente, lo que estábamos diciendo es que, como la empresa había invertido muchísimo en actualizar la tecnología de sus fábricas, eso le iba a suponer un ahorro de tantísimos millones al año que iba a mejorar su rentabilidad una barbaridad y, por eso, pensábamos que las acciones estaban baratas. Habíamos corroborado estas conclusiones con un Excel la mar de molón, unas fórmulas con más letras griegas que el Olimpo y un millón de gráficos de quesitos, de barras y de *to*.

Mi padre, sin decirme ni mu, con las mismas, llamó al señor del banco y compró acciones de la susodicha empresa que, por aquel entonces, era la tercera cementera más importante, un gigante solidísimo con fábricas por todo el mundo. Tantas fábricas tenían por todas partes que había varias en Oriente Medio justito cuando a Bush le dio una ventolera y decidió invadir Irak a la misma velocidad a la que se desplomaron las acciones de mi cementera.

Nunca llegué a saber cuánto había invertido mi padre en aquellas acciones ni cuándo las vendió ni cuánto perdió en la operación, porque no quiso decírmelo. Conociéndole, con su templanza habitual, seguro que aguantó la embestida y esperó a que se recuperaran, pero ya os digo yo que seguramente fue una de las peores inversiones que hizo nunca y la única a la que, sin saberlo, contribuí.

La moraleja de esta historia, además de que uno no puede fiarse ni de su hija, no digamos ya de vecinos listillos, es que, por mucho que uno estudie, se conozca el sector al dedillo y esté puestísimo en los devenires del mercado, hay cosas que, hasta que no se invente la bola de cristal, no se pueden prever. Y, si no, que pregunten a los analistas de aerolíneas cuáles eran sus previsiones antes de que el coronavirus aterrizara (nunca mejor dicho) en nuestras vidas.

*** QUE NO SE TE OLVIDE**

Invertir, por muy bien que hagamos los deberes, siempre siempre conlleva un riesgo.

De hecho, esa es la diferencia entre ahorrar e invertir: como cuando invertimos asumimos ciertos riesgos, a cambio esperamos una recompensa en forma de una rentabilidad mejor. La única ley que siempre se cumple en esto de la inversión es esta:

LA REGLA DE ORO

Cuanto más retorno queramos, más riesgo hay que asumir.

No hay otra. Lo que sí hay son formas bastante sencillas de minimizar este riesgo y, aun así, participar en la fiesta de las rentabilidades atractivas. Solo hay que conocerlas y aplicarlas con criterio. Para eso estamos.

¿DEBERÍA INVERTIR MIS AHORROS?

Esta es la primera pregunta que debemos hacernos y la respuesta es «depende». Y ¿de qué depende? Ni más ni menos que de nosotros mismos y de nuestra tolerancia al riesgo, lo que se llama *perfil inversor*.

En España este perfil es muy muy conservador. A los españoles, por regla general, todo lo que no venga con muchos ladrillos a los que agarrarnos nos da miedo. De lo que no solemos darnos cuenta es de que, aunque lo de las acciones suene tan etéreo, cuando invertimos estamos comprando participaciones en empresas o bienes que, aunque no los tengamos literalmente en casa, también son tangibles y tienen ladrillos —ya quisieran muchos el imperio inmobiliario de Inditex—, y máquinas y tecnologías que valen un potosí y que pueden ser más reales y menos arriesgadas que nuestra propia casa y esos azulejos a los que les tenemos tanto cariño.

Otra cosa que no solemos tener en cuenta es que dejar el dinero en una cuenta también entraña un riesgo. No me refiero a que vaya a quebrar el banco —para eso está el Fondo de Garantía de Depósitos, para cubrir esos cien mil euros que casi ninguno tenemos—, sino a que, cuando tenemos el dinero cogiendo polvo en la cuenta, lo dejamos a merced de la inflación y asumimos implícitamente el riesgo de que suba. Ahora que el monstruo de la inflación ha vuelto a despertar, tenemos que andar con ojo.

La inflación es la razón por la que los abuelos siempre nos cuentan lo que se podía hacer en su época con cien pesetas. Imaginaos que vuestra abuela hubiera ahorrado su sueldo íntegro en una cuenta corriente, 1.800 pesetas, el salario mínimo en 1963, unos 10,8 euros que en su día podían darle para vivir un mes y hoy no le darían ni para invitar a su novio a un *gin-tonic*.

Pero no hay que irse tan lejos. Según los datos del INE, el IPC acumulado en los últimos veinte años es del 51,8 %. Es decir, cada euro que ahorramos en 2002 equivale a 66 céntimos de 2022. Por eso decíamos que el ahorro a medio y largo plazo no hay que tenerlo en la cuenta.

*** QUE NO SE TE OLVIDE**

Dejar el dinero en la cuenta también entraña un riesgo.

Además, el perfil inversor, como todo en esta vida, puede evolucionar y entrenarse. Cuanto más nos informemos y mejor sepamos cómo evaluar una inversión para evitar riesgos innecesarios, menos miedo nos dará y más oportunidades tendremos de sacarle más partido a nuestros ahorros.

Dicho esto, invertir no es obligatorio, ni siquiera es recomendable para todo el mundo.

*** QUE NO TE LA DEN CON QUESO**

Por mucho que te digan que tu dinero está perdiendo valor en el banco, que es verdad; invertir es una opción, no una obligación.

Lo que tenemos que saber es que, **si optamos por dejar el dinero en una cuenta corriente, una opción tan lícita como cualquier otra, tenemos que ahorrar más para cubrir la inflación.** Eso es todo. En cualquier caso, antes de plantearnos invertir, conviene tener claros varios conceptos.

¿QUÉ TENGO QUE SABER ANTES DE INVERTIR?

EL RIESGO Y LA RENTABILIDAD SON UN BINOMIO INDIVISIBLE

Mientras en la definición de *inversión* esté la palabra *futuro,* nos pongamos como nos pongamos, siempre va a llevar asociado cierto riesgo.

Por eso mismo, porque nada es gratis en esta vida perra, para que nos compense asumir ese riesgo, nos tienen que ofrecer una rentabilidad interesante. Cuanto más riesgo esperan que asumamos, más rentabilidad nos tendrán que prometer. Y al contrario, cuanto más retorno queramos nosotros, más riesgo tendremos que estar dispuestos a asumir.

NO EXISTE LA INVERSIÓN PERFECTA

Igual que no existe el riesgo cero, tampoco existe la inversión perfecta, y, si intentan vendértela, lo más probable es que te estén dando gato por liebre. Lo que existen son inversiones más o menos adecuadas para nuestros objetivos, nuestro horizonte temporal y nuestro perfil inversor. Por eso, una inversión que a mí me puede compensar puede no ser interesante para mi vecino.

EL TIEMPO LO ES TODO

Además, el riesgo varía con el tiempo porque hay inversiones, como puede ser la bolsa, que son muy volátiles (esta es la forma molona de decir que suben y bajan a su libre albedrío) a corto plazo, pero mucho más uniformes a largo. Me explico. Pensad en el típico gráfico de bolsa con sus subidas y sus bajadas en forma de sierra. Cuanto más larga sea la curva, más se parecerá a una línea y menos a un zigzag, porque la bolsa sube y baja mucho en periodos cortos, pero, a la larga, el rendimiento es mucho más estable.

Además, disponer de un horizonte de inversión a largo plazo nos permite tener la tranquilidad para aguantar los periodos malos y esperar a que las aguas vuelvan a su cauce sin mordernos las uñas.

LA FÓRMULA MAESTRA

Cuanto más a largo plazo invirtamos, más riesgos podemos asumir.

En ese sentido, yo dejaría la inversión a corto plazo a los especuladores profesionales. El común de los mortales tiene que plantearse invertir con un horizonte mínimo de cinco años.

LA REGLA DE ORO

Solo se debe invertir dinero que no se vaya a necesitar en los próximos cinco años.

NO ES LO MISMO ESPECULAR QUE INVERTIR

Aunque lo de especular suena a tiburón financiero sin escrúpulos, la especulación tiene su razón de ser y un cometido parecido al de los seguros: redistribuir el riesgo. Un especulador lo que hace es asumir el riesgo de que un precio suba o baje y, a cambio, se queda con las diferencias, que pueden ser negativas o positivas. En el fondo, un especulador es un profesional del riesgo y por eso está dispuesto a asumir una incertidumbre con la que un ciudadano de a pie no podría dormir.

En general, el horizonte temporal de la especulación es más corto que el de la inversión, porque una inversión no pretende solo repartir el riesgo, sino aumentar el valor de algo.

Con esta diferencia en mente, como no somos especuladores ni *traders* profesionales, los curritos de a pie deberíamos limitarnos a la inversión y dejar la especulación a los entendidos con nervios de acero. Esto tiene una implicación importante y es que no deberíamos invertir en función de lo que pensemos que va a subir el precio de algo, como una acción, sino en función del valor añadido que pensemos que esa empresa o inversión va a crear.

*** QUE NO SE TE OLVIDE**

A una inversión no hay que preguntarle cuánto va a subir su precio, sino qué valor va a crear con nuestro dinero.

Así, aunque el precio baje en un momento dado, si estamos convencidos de que es una inversión sólida que va a crear valor, lo normal es que a largo plazo el precio se ajuste a esas expectativas.

LA INFORMACIÓN ES CRUCIAL

Como podéis deducir del punto anterior, para saber si una empresa o una inversión va a crear valor o no, hay que estar informado y estudiar el proyecto detalladamente, que es lo que hacen los analistas financieros. Como os contaba al principio del capítulo, en aquella época yo era parte del equipo del sector de la construcción de un bróker francés. Tres personas que dedicábamos entre quince y dieciséis horas al día a estudiar un puñado de empresas y, aun así, no acertábamos siempre.

Lo importante de esto es que sepamos lo mal informados que estamos para que seamos conscientes de nuestra ignorancia y no nos concentremos en buscar el caballo ganador —raro será que justo nosotros tengamos toda la información necesaria para reconocerlo—, sino en minimizar los riesgos.

HAY FORMAS DE REDUCIR EL RIESGO

Porque aquí está el meollo del asunto, en que existen formas al alcance de cualquiera para minimizar el riesgo que asumimos y beneficiarnos de rentabilidades interesantes.

Como hemos hablado, invertir a largo plazo nos permite minimizar el riesgo derivado de la economía, de un país o de un momento histórico particular, que no depende tanto de que nuestra inversión en concreto sea buena o mala, sino de la coyuntura del momento.

*** QUE NO SE TE OLVIDE**

Tener un horizonte de inversión a largo plazo evita tener que vender en épocas malas, porque, no nos engañemos, épocas malas va a haber siempre.

Lo importante es no necesitar el dinero en ese momento y tener la paz de espíritu suficiente para aguantar el chaparrón.

El otro tipo de riesgo que tenemos que intentar minimizar es el que depende de nuestra inversión en particular. Como hemos visto, raro será que justo nosotros, que ni nos dedicamos a esto ni tenemos un ejército de espías industriales a nuestra disposición, tengamos la información necesaria para saber antes que el mercado cuál es la mejor inversión. El truco es diversificar, no poner todos nuestros huevos en la misma cesta, para que, aunque una inversión no vaya como queremos, se compense con las otras.

«

GRANDES PALABROS DE LA HISTORIA FINANCIERA

El conjunto de nuestras inversiones
es lo que se llama **cartera de inversión.**

»

Lo que tenemos que intentar es que, independientemente de lo que haga cada inversión individual, el conjunto de todas ellas, nuestra cartera, nos dé la rentabilidad que queremos. Para eso hay que diversificar lo máximo posible: invertir en productos distintos, empresas distintas, sectores distintos y zonas geográficas distintas, para limitar el roto que puede hacernos que un país, una empresa o un sector concretos vayan mal.

LA FÓRMULA MAESTRA

Cuanto más diversificada esté nuestra cartera, menor será el riesgo que asumimos.

PARA INVERTIR NO HACE FALTA SER RICO...

Con todo lo que os estoy contando podría parecer que invertir está fuera del alcance de una persona normal. ¿Cómo demonios vamos a tener dinero para tanta cosa distinta? Pero, tranquilos, porque para eso se crearon los productos de inversión colectiva, como los fondos de inversión: para aglutinar inversiones pequeñas de mucha gente e invertirlas como si entre todos fuéramos un magnate megamillonario.

Algunos de estos fondos no tienen inversión mínima y podemos hacer aportaciones muy pequeñas para ir engordando nuestra cartera de inversión poco a poco y aprovecharnos del poder multiplicador del interés compuesto.

... PERO ES MÁS FÁCIL GANAR DINERO CUANDO YA SE TIENE DINERO

Lo que sí es verdad es que la gente con mucho dinero tiene a su alcance estrategias y poderío financiero para aguantar cualquier envite que, simplemente, no están al alcance de cualquiera.

Por eso, cuando invertimos, no pretendamos obtener rentabilidades estratosféricas. Eso dejémoselo a los ricos de carné que tienen los posibles para meterse en esos fregados. **Nosotros debemos concentrarnos en obtener rentabilidades decentes con menos riesgo,** porque, por desgracia, esto es matemática pura.

CUANTO MÁS SE PIERDE, MÁS CUESTA RECUPERAR LO PERDIDO

Pongamos que hemos invertido 100 euros y que, por lo que sea, la acción se pega un batacazo y baja un 60 % (tranquilos, esto no es, ni mucho menos, habitual) y nuestra inversión se queda con un valor de 40 euros.

Para volver a tener los 100 euros iniciales ya no nos vale con que la acción suba un 60 %, porque el 60 % de 40 euros son 24 euros, y nos quedaríamos con 64 euros, muy lejos todavía de los 100 iniciales.

Para recuperar los 100 euros necesitamos que la inversión se revalorice un 250 %, ahí es nada. En otras palabras, para recuperar una pérdida del 60 % necesitamos una ganancia del 250 %. **Por eso, cuando invertimos, una de nuestras prioridades tiene que ser evitar grandes pérdidas.**

CUANTO MÁS SUBE UNA ACCIÓN, MÁS PELIGRO TIENE

Y, para evitar grandes pérdidas, cuando vemos que una acción no para de subir y subir, hay que andarse con cuidado, porque las posibilidades de que luego caiga son mayores. Ojito con las inversiones que parecen ir como un tiro, porque pueden frenarse en cualquier momento.

DECÁLOGO DEL BUEN INVERSOR

Al final, el éxito de nuestras inversiones depende, sobre todo, de nosotros mismos y, en particular, de nuestro comportamiento. Por eso debemos atenernos siempre a un código de conducta que nos ayude a evitar errores innecesarios.

1 TU PEOR ENEMIGO ERES TÚ MISMO

Esto es de primero de inversión y cuanto antes lo aprendamos, mejor. Nada nos puede hacer perder más dinero que nosotros mismos y nuestras emociones. Por eso es importante que nuestro horizonte de inversión sea a largo plazo, para que no tengamos nunca que tomar decisiones precipitadas.

*** QUE NO SE TE OLVIDE**

En temas de inversión, ninguna pérdida es real hasta que no se vende.

Una parte muy importante del trabajo de un inversor, y quizá la más difícil, consiste en resistir la tentación de vender cuando las cosas van mal, precisamente porque, cuando vendes, conviertes en reales esas pérdidas, mientras que, si esperas y la inversión vuelve a recuperarse, ese bajón no habrá tenido ninguna consecuencia y será como si nunca hubiera pasado.

2 APRENDE A PERDER

Dicho esto, hay que tener claro desde el principio que invertir significa perder unas veces y ganar otras. Para que os hagáis una idea, un buen gestor de fondos acierta aproximadamente un 56 % de las veces o, lo que es lo mismo, se equivoca cuatro de cada diez. Lo importante es que el resultado del conjunto, a largo plazo, sea positivo. Que entre medias haya momentos en los que vayamos perdiendo es, como dirían algunos, la vida. No hay ningún inversor de éxito que no haya perdido no ya una, sino muchas veces.

3 CULTIVA LA VISIÓN DE CONJUNTO

Hablando de pérdidas, el dicho anglosajón *cut your losses* («reduce tus pérdidas») nos viene divino para erradicar uno de los vicios más peligrosos de un inversor.

Como mencionamos en el capítulo del ahorro, nuestro cerebro funciona como un contable en prácticas y odia perder. Para él, cada inversión tiene su nombre, su apellido y su rendimiento. Por eso, lo que nos pide el cuerpo cuando una inversión baja es aguantar hasta que vuelva a subir, para no tener que aceptar esa pérdida.

Por la misma regla de tres, lo que nos pide cuando una inversión va de lujo es vender para apuntarnos el tanto de la ganancia. Pero, en realidad, lo que estamos haciendo cuando vendemos lo que está subiendo y nos quedamos con lo que está bajando es, muy probablemente, vender la inversión buena para quedarnos con la mala.

Lo que hay que hacer es mirar siempre el conjunto. No importa de dónde salga la rentabilidad. Al final, nos da lo mismo ganar cincuenta euros con una inversión y cincuenta con otra que perder cincuenta con una y ganar ciento cincuenta con otra. Además, la probabilidad de que una inversión que va relativamente bien siga así es mayor que la probabilidad de que la que no para de bajar se recupere.

LA REGLA DE ORO

Como norma, cuando hay que vender algo empezaremos siempre por lo que peor esté funcionando, a no ser que tengamos razones de mucho peso para pensar que esa tendencia va a cambiar.

4 QUE NO TE CIEGUE EL ENTUSIASMO

Dicho esto, igual que debemos mantener la calma en los momentos de pánico, tampoco nos tenemos que fiar de los momentos de entusiasmo que nos pueden llevar a comprar acciones cuando están caras y ya no tienen casi recorrido para seguir subiendo.

5 QUE NO TE DÉ MIEDO PERDERTE UNA MODA

Por eso hay que tener mucho cuidadito con las modas, porque la posibilidad de llegar a la fiesta cuando ya está todo el bacalao *cortao* es enorme y, al final, lo único que hacemos es comprar caro.

6 SÉ FIEL A TI MISMO

Tampoco debemos dejarnos llevar por el entusiasmo colectivo y embarcarnos en operaciones arriesgadas que no se ajusten a nuestro perfil inversor. Es importante conocerse y ceñirse a inversiones que tengan una relación rentabilidad/riesgo con la que nos sintamos cómodos y que no nos quite el sueño.

7 EL DINERO SE HACE SIN MOVERLO

Aunque parezca poco intuitivo, una de las formas más seguras de ganar dinero es sin moverlo. La máxima de cualquier inversor debería ser:

LA REGLA DE ORO

Ante la duda, mejor no hacer nada.

Por muchas razones que ya hemos visto, como que no hacer nada nos permite aprovechar el potencial de nuestras inversiones a largo plazo y, además, nos evita cometer el error de vender barato presas del pánico, o de comprar caro dejándonos llevar por el entusiasmo.

Pero es que, además, cada vez que hacemos una transacción, esta conlleva comisiones, costes e impuestos asociados que se pueden comer nuestra rentabilidad en un abrir y cerrar de ojos.

*** QUE NO TE LA DEN CON QUESO**

Cuanto menos movamos nuestro dinero, menos vamos a perder en costes de transacción que no nos aportan nada.

8 LAS PRISAS NUNCA SON BUENAS CONSEJERAS

Por mucho que nos diga el señor del banco que no nos lo pensemos más, que es una oportunidad única que no nos podemos perder, como nosotros siempre vamos a invertir a largo plazo, no hay ninguna decisión que no pueda esperar una semana, un mes o lo que sea que necesitemos para pensarlo con calma.

*** QUE NO SE TE OLVIDE**

Los mejores inversores son los que toman pocas decisiones, pero muy bien pensadas.

Recordemos que, como inversores de andar por casa, no queremos especular, sino invertir, así que los movimientos a corto plazo de los mercados nos tienen que dar igual.

9 PASA DEL CICLO

Por eso mismo, no tenemos que preocuparnos en exceso en épocas de crisis, cuando parece que todo va de mal en peor. La economía es cíclica y siempre va a haber momentos malos y momentos buenos. Lo importante es tener la templanza y los recursos para esperar pacientemente a que vuelvan las aguas a su cauce.

10 SOLO SÉ QUE NO SÉ NADA

Y, al final, tenemos que ser conscientes de que raro será que nosotros, desde el salón de nuestra casa, tengamos la información privilegiada de saber cuál va a ser la próxima Apple. Nuestra mejor opción será siempre diversificar, diversificar y volver a diversificar.

CÓMO ELEGIR EL MEJOR PRODUCTO DE INVERSIÓN

Si después de tanta advertencia todavía no se os han quitado las pocas ganas que teníais de invertir, estáis de enhorabuena, porque, aunque la inversión no sea la panacea, sí que es una forma estupenda de darles ese empujoncito de más a nuestros ahorros que, a largo plazo, puede ser definitivo.

Como a cualquier producto bancario, a una inversión siempre hay que preguntarle:

- ¿Cuánto me vas a dar?
- ¿Cuánto me va a costar?
- Esto ¿a qué me obliga?

Y además:

- ¿Qué riesgo conlleva?
- ¿Cuándo y en qué condiciones puedo recuperar mi dinero?
- ¿Qué tajada se lleva Hacienda de mis ganancias, si las hubiera?

Sin más, pasemos a ver los productos de inversión que tenemos a nuestra disposición los mortales de a pie.

RENTA FIJA

Cuando una empresa, un país o una Administración pública necesita dinero, puede hacer varias cosas; una de las más comunes es endeudarse con un banco. Otra opción es endeudarse con el público en general, emitiendo títulos de deuda que puede comprar cualquiera, de manera que, en lugar de deberle mucho dinero a un solo banco, debe pequeñas cantidades a mucha gente.

Son unos papelajos que dicen cuánto nos debe la empresa o la Administración, en qué plazos nos va a devolver el dinero que le hemos prestado y qué interés nos va a pagar por ello. Como os podéis imaginar, para que estos papelajos tengan algún valor no los puedo emitir yo con mi negociete de turno, sino que tienen que ser empresas sólidas que tengan la suficiente credibilidad para que no dudemos de que, efectivamente, nos van a devolver esa pasta en los plazos y las condiciones que hemos pactado.

Estos títulos de deuda son los que se conocen como *renta fija*, y no son más que eso, deuda de empresas, países o Administraciones que se puede comprar y vender. Se denomina *renta fija* porque, en principio, aunque hay alguna que otra excepción, cuando compramos esa deuda ya sabemos todas las condiciones y el tipo de interés que nos van a dar. En otras palabras, la rentabilidad está fijada desde un principio.

*** QUE NO TE LA DEN CON QUESO**

En principio, cuando invertimos en renta fija, está garantizado tanto el capital que invertimos como la rentabilidad que nos van a dar, pero eso no significa que no tenga ningún riesgo.

El principal riesgo de la renta fija es que quiebre el emisor. Pensad en Argentina… Precisamente, para evaluar este riesgo están las agencias de *rating* que se dedican a analizar el riesgo de impago de este tipo de deuda y, en función de sus conclusiones, si la empresa va de lujo y el riesgo es pequeño, le darán una calificación buena, como AAA (triple A) o, si no acaban de verlo claro, pueden llegar a calificar la deuda como *junk*, que, como no se andan con chiquitas, significa ni más ni menos que «basura». Ya os imaginaréis que la deuda basura suele ofrecernos rentabilidades mayores que la AAA.

Otra particularidad de la renta fija es que se puede vender en los mercados. Es decir, aunque tengamos un bono a cinco años puedo venderlo al cabo de un año, pero, ojo, porque, aunque la rentabilidad sea fija, el precio de un bono en el mercado sí puede variar. También podría pasar lo contrario, que el precio de nuestra deuda subiera porque bajen los tipos de interés. Esto, en realidad, es más una limitación a la liquidez de nuestra inversión que a su rentabilidad, porque si aguantamos hasta el vencimiento siempre tendremos las condiciones pactadas.

PARA LOS CURIOSOS

Imaginaos que compro un bono de 1.000 euros a cinco años con una rentabilidad anual del 1% (esto en renta fija se llama **cupón**). Como soy una tía conservadora, compro deuda AAA para estar segura de que cada año me van a pagar esos 10 euros de interés y que, al final de los cinco años, me van a devolver los 1.000 euros y tendré 1.050 euros (los 1.000 euros originales más los 10 euros de intereses cada año).

Imaginemos también que, pasado un año, necesito dinero y quiero vender ese bono, pero pongamos que ha subido el tipo de interés y que ahora se pueden comprar bonos AAA con rentabilidades del 2%. Para que a alguien, pudiendo comprar bonos con un cupón del 2%, le compense comprarme el bono al 1%, tendré que rebajarle el precio y venderlo, por ejemplo, por 960 euros, para que tenga una rentabilidad comparable al bono de 1.000 euros al 2%.

De este modo, como yo pagué 1.000 y solo me han pagado 10 euros de intereses, estaría perdiendo 30 euros con mi inversión.

La renta fija emitida por países o Administraciones públicas se conoce como *deuda pública*, y la que emiten las empresas, como *deuda privada*.

* QUE NO SE TE OLVIDE

Aunque con la renta fija el capital y la rentabilidad están garantizados, siempre asumimos tres riesgos:

- Que la empresa o Administración no pueda pagar.
- Que el precio de nuestra inversión varíe entre medias.
- Que no podamos encontrar comprador si necesitamos vender antes del vencimiento.

Cuando compramos títulos de renta fija somos acreedores de la sociedad o entidad que los emite, de manera que, si quiebra, cobraremos antes que sus accionistas. Pero, ojo, porque si la **deuda**

es subordinada significa que nos ponemos por detrás de los acreedores comunes y privilegiados, y que si la cosa va mal cobraremos después que ellos. Como esto significa más riesgo, deberían ofrecernos más rentabilidad.

*** QUE NO TE LA DEN CON QUESO**

Como la deuda subordinada tiene menos derechos y más riesgos, deberían darnos mayor rentabilidad.

Y ya para nota están los bonos estructurados, las cédulas y los bonos hipotecarios, las cédulas territoriales, los bonos titulizados, los convertibles y otras fruslerías que son instrumentos más complejos y, francamente, si no nos dedicamos a esto, tienen un potencial enorme para darnos más de un dolor de cabeza.

RENTA VARIABLE

Otra cosa que pueden hacer las empresas cuando necesitan dinero es emitir acciones, de forma que quien las compra pasa a ser propietario de una parte de la compañía. De aquí ya se deriva una diferencia muy importante entre renta fija y variable. Si compro deuda de una empresa, me convierto en acreedor y, como tal, si la cosa va mal, tengo preferencia para cobrar. Si compro acciones y la empresa quiebra, como soy propietario, soy el último en cobrar, pero, a cambio, si la cosa va bien, mi inversión me puede dar más rentabilidad de dos formas:

- Porque se vayan repartiendo los beneficios en forma de **dividendos.**
- Porque la **participación** en la empresa **se revalorice.**

Cuando somos accionistas, la rentabilidad no está garantizada de ninguna forma, pero tampoco está limitada. Si tenemos acciones de Facebook y Zuckerberg se forra, nosotros nos forramos (proporcionalmente, claro) con él, mientras que si tenemos bonos de Facebook, aunque la empresa vaya como un tiro, nosotros solo obtendremos la rentabilidad pactada.

Una vez que las acciones cotizan en bolsa, su precio se determina ni más ni menos que por la oferta y la demanda. Es decir, cuanta más gente quiera acciones de Facebook, más caras se venderán estas. Por eso, las modas son peligrosas, porque pueden inflar temporalmente los precios de empresas que realmente no van tan bien. Al final, el tiempo suele acabar poniendo a cada uno en su lugar.

En general, lo que intentamos es calcular (o encargar a analistas expertos que lo hagan) el precio de esa empresa en función de sus activos, de lo bien que vaya el negocio, de lo que se cree que va a crecer en los próximos años y de los riesgos más importantes a los que se enfrenta, y luego se compara con el precio de la acción en ese momento.

Si el resultado es que la acción vale más que nuestro cálculo, pensaremos que esa empresa, por la razón que sea, se está vendiendo cara; y, si nos sale que la empresa vale más que el precio actual de la acción, significará que esa acción está barata. Lo que querría un inversor para maximizar su beneficio sería vender las que están caras y comprar las que están baratas, pero ya os podéis imaginar que fácil, lo que se dice fácil, no es.

Por eso, pretender dar con la acción perfecta en el momento adecuado desde el salón de nuestra casa es como pensar que vamos a ganarles a las hermanas Williams en un partido de dobles: puede pasar, pero es poco probable.

Las inversiones en acciones no tienen plazo de vencimiento, así que la única forma de deshacerse de ellas es vendiéndolas. Además, hay que tener en cuenta las comisiones que tendremos que pagar por cada compra y venta que hagamos, lo que nos cobre el banco o la entidad financiera por tener una cuenta de valores y los impuestos sobre las ganancias, si las hubiera, que tendremos que pagar el día que vendamos.

FONDOS DE INVERSIÓN

Os habrá quedado claro que para el inversor individual que no sea heredero de un imperio es difícil tener acceso a toda la información y al análisis necesarios para elegir en qué empresas invertir con conocimiento de causa, así como para diversificar lo suficiente para minimizar los riesgos. Para eso, para poner la inversión al alcance de los mortales, nacieron los fondos de inversión, que no son ni más ni menos que eso: unos vehículos que juntan el dinero de mucha gente para hacer inversiones conjuntas y poder así beneficiarse de las economías de escala y de las estrategias que solo se pueden obtener a partir de ciertas cantidades.

Fondos de inversión hay muchos, y para todos los gustos y perfiles de inversión. Hay fondos para los más conservadores, por ejemplo, que solo invierten en renta fija; otros que solo invierten en renta variable, para los más intrépidos; y combinaciones de lo anterior: 75 % en renta fija y 25 % en renta variable, 50-50 %, etcétera.

También hay fondos especializados en sectores concretos, como el tecnológico o el energético, en mercados particulares (emergentes, europeos, etcétera), y hasta fondos verdes o de impacto, que pretenden obtener con sus inversiones no solo rentabilidad, sino también un impacto positivo en la sociedad o el medioambiente.

Como vimos cuando hablamos de los fondos de pensiones, cuando uno invierte en un fondo se convierte en dueño proporcional de todas las inversiones de ese fondo. Por eso mismo, aunque alguna de las inversiones del fondo pueda quebrar y su valor total puede variar para bien y para mal, como se trata de carteras muy diversificadas, haría falta poco menos que un apocalipsis para que todas las inversiones valieran cero de un día para otro. Aunque quebrara la gestora del fondo, nosotros seguiríamos siendo dueños de la parte proporcional de los activos del fondo.

*** QUE NO SE TE OLVIDE**

Es prácticamente imposible que un fondo de inversión quiebre.

Otra ventaja de los fondos de inversión es que se puede traspasar dinero de uno a otro sin pasar por Hacienda. Esto es importante, porque significa que, mientras movamos el dinero de un fondo a otro, no tendremos que pagar impuestos por las plusvalías que tengamos. Parece una tontería, pero a la larga nos puede ahorrar mucho dinero.

Imaginaos, por ejemplo, que compro una acción *x* a 100 euros y la vendo a 120 para comprar una acción *z*. Sobre los 20 euros de ganancia, tendré que pagar aproximadamente 4 euros de impuestos y solo podré comprar 116 euros de *z*. Sin embargo, si invierto 100 euros en el fondo *x* y los traspaso al fondo *z* cuando valgan 120 euros, no tendré que pagar impuestos por el camino y podré comprar 120 euros de *z*. Si repito esta operación un número suficiente de veces, el montante empieza a ser curioso. Esto no quiere decir que no se paguen impuestos, solo que se pagan una vez por el resultado global de la inversión y no por los pasos intermedios.

Con lo que hay que andar con ojo cuando invertimos en un fondo de inversión es con las comisiones de contratación y reembolso, y con las de gestión y depósito, que nos pueden costar un pico. Todas tienen que estar claramente estipuladas en el folleto del fondo, así que, como siempre, si no lo veis, preguntad.

Mención especial merecen los fondos de retorno absoluto, que pretenden preservar siempre el capital y obtener rentabilidades positivas a medio plazo que no estén muy sujetas a los desvaríos del mercado. Es decir, son fondos conservadores que sacrifican algo de rentabilidad para tener menos volatilidad y menos riesgo.

¿Y CÓMO SE ELIGE UN FONDO DE INVERSIÓN?

Lo primero que tenemos que saber es que hay tantos y tan variados que no es fácil elegir. Hay que dedicarle tiempo y un pelín de esfuerzo.

Y luego, un detallito que el inversor novel igual no sabe. Para diferenciar un fondo de otro no se suele mirar su rentabilidad absoluta, porque en épocas buenas, cuando todo el mundo está animado a invertir, se mete tanto dinero en los mercados que todo sube. Y al contrario, cuando todo el mundo está asustado y venga a desinvertir, todo baja.

Por eso, para diferenciar un fondo bueno de uno malo, lo que se hace es compararlos con el índice. Un índice es una medida que se hace con un conjunto representativo de los valores o inversiones, como por ejemplo el IBEX 35, que engloba a las treinta y cinco empresas más representativas de la Bolsa española y, por eso, si el IBEX sube diremos que la Bolsa está subiendo y, si baja, que está bajando.

En este sentido, para ver lo bueno o lo malo que es un fondo que invierte en la Bolsa española, lo compararíamos con el IBEX, y, si en general sube más (o baja menos) que el IBEX, pensaremos que es un buen fondo, mientras que si siempre va por detrás del índice será un fondo mal gestionado.

Según el tipo de fondo del que se trate habrá que compararlo con un índice u otro, pero, al final, lo que queremos saber es si nuestro fondo consigue o no batir al índice. Ya os adelanto que muchos no lo consiguen, mientras que unos pocos obtienen muy buenos resultados. Por eso, cuando vayamos a invertir en un fondo, no nos podemos fijar solo en su rentabilidad histórica, sino en si está mejor gestionado que la media.

LA REGLA DE ORO

Hay que comparar la rentabilidad de los fondos de inversión con el índice que corresponda: el IBEX, el Euro Stoxx o cualquiera que sea el índice representativo de los mercados en los que invierte el fondo.

FONDOS INDEXADOS

De esto del índice nace uno de los conceptos más importantes cuando hablamos de fondos de inversión: el *tipo de gestión*.

Los fondos de los que hemos hablado hasta ahora, independientemente de en qué inviertan, son fondos de gestión activa. Es decir, hay unos señores que ganan muchísimo dinero por decidir cuánto, cuándo y en qué se invierte el dinero del fondo. Por eso mismo, porque nos cobran una pasta por gestionar nuestro dinero, lo mínimo que les tenemos que pedir es que lo hagan bien y que batan el índice, si no siempre, por lo menos la mayoría de las veces.

Pero os advierto que no hay tantos fondos que batan el índice siempre. Por eso nació la *gestión pasiva,* que son fondos que, en lugar de intentar ser más listos que el resto, lo que pretenden es replicar el índice. Como esto se puede hacer de manera más o menos automática (de hecho, algunos son gestionados por robots), no hay que pagar a tantos señores repeinados para que se pasen el día moviendo el dinero y las comisiones de estos fondos son más bajas.

Esto quiere decir que, a no ser que estemos dispuestos a dedicarle tiempo y mimo a buscar un fondo bien gestionado y a seguirlo, la forma más fácil de invertir es elegir un fondo indexado, que ya sabemos que nos va a dar más o menos lo mismo que el índice.

Esto de que nos dé lo mismo que el índice significa que lo normal (aunque garantizado no está) es que a la larga ganemos sí o sí, porque la economía tiende, por lo menos hasta ahora, a crecer, aunque de vez en cuando haya algún que otro bache por el camino.

✱ QUE NO SE TE OLVIDE

Los fondos indexados son una buena opción para los inversores novatos, porque tienen comisiones bajas, están muy diversificados y no es necesario tener grandes conocimientos financieros para entender su funcionamiento.

Como mucha gente ya se ha dado cuenta de que estos fondos son un filón, empieza a haber bastante variedad para ajustarse a los gustos y al perfil inversor de cada uno.

OTROS VEHÍCULOS DE INVERSIÓN COLECTIVA

Haberlos haylos. Y no son pocos. Capital riesgo, sociedades de inversión mobiliaria (sicavs), fondos de inversión libre —que también se conocen como fondos de inversión alternativa o *hedge funds*—, entre otros. La lista es larga y no exhaustiva, pero la realidad es que muchos de estos no están al alcance de la gente de carne y hueso por la inversión mínima que hay que hacer, y que, aunque lo estén, utilizan técnicas y estrategias sofisticadas que son difíciles de entender y de valorar para un inversor no experto.

DERIVADOS Y OTRAS FORMAS DE RIZAR EL RIZO

Los productos derivados, como las opciones y los futuros, tienen un nombre muy molón y a veces pueden parecer —y ser— muy complejos, pero básicamente son algo similar a lo que vimos cuando hablamos de la especulación y de protegerse contra la variación de algún precio. Es decir, el objetivo principal de un derivado es redistribuir el riesgo y, como tal, aunque son útiles para gestionar y acotar los riesgos de ciertas estrategias de inversión, no son en sí mismos una inversión que busque crear valor. Por lo tanto, aunque podemos invertir en algún fondo que utilice derivados dentro de su política de gestión de activos, no son instrumentos con los que los inversores no cualificados debamos ensuciarnos las manos.

NO ES ORO TODO LO QUE RELUCE

Lo de invertir en lingotes de oro es otra de las preguntas típicas a las que se enfrenta cualquiera que se dedique a esto de las finanzas. Tradicionalmente, el oro ha sido un activo refugio, porque cuando dejó de ser dinero propiamente dicho no perdió su reputación. En otras palabras, cuando las cosas se ponen feas y todo va fatal, y sobre todo cuando la inflación amenaza con subir mucho, como el oro ha sido siempre un metal que ha mantenido muy bien su valor, muchos inversores compran oro. El oro posee la ventaja de que, aunque ya no tiene una equivalencia directa con la mayoría de las divisas (ojo con esto porque, según escribo, Estados Unidos se está planteando volver a patrón oro), sigue gozando de un buen estatus y de aceptación universal, además de ser muy popular en algunas zonas de Asia y Oriente Medio.

En lo que a nosotros nos compete como inversores *amateurs*, el oro va a seguir siendo oro y, a no ser que se le descubra un uso novedoso en algo solicitadísimo o que efectivamente se vuelva al patrón oro, las variaciones de su precio van a depender única y exclusivamente del ánimo de los inversores como respuesta a la evolución de la economía, la inflación y los mercados, cosas que a nosotros, desde el sillón de nuestra casa, se nos escapan. Es decir, podemos comprar oro y, si lo guardamos bien, ahí va a estar, pero ya saber si el día que lo queramos vender estará más caro o más barato que cuando lo compramos es otra cosa.

CRIPTOMONEDAS Y OTRAS MODERNECES

Con las criptomonedas pasa un poco lo mismo que con el oro. ¿Que han venido para quedarse? Pues seguramente, aunque habrá que ver si todas o solo algunas. ¿Que es posible que se extienda su uso y suba su valor? Pues también puede ser. Pero a ver quién es el guapo que, sin tener ni idea, sabe cuánto, cuándo y por qué.

¿Que se puede ganar dinero invirtiendo en oro y criptomonedas? Desde luego, la cuestión es si tenemos nosotros el conocimiento necesario para anticiparnos a los movimientos del mercado y si estamos dispuestos a asumir el riesgo de no tenerlo.

LAS CLAVES PARA CREAR TU CARTERA DE INVERSIÓN

Ahora que ya sabemos en qué podemos invertir, lo que vamos a intentar es minimizar las posibilidades de sufrir pérdidas grandes, maximizar las posibilidades de obtener ganancias sostenibles y controlar nuestro comportamiento para no cometer fallos importantes que nos puedan salir caros. Para eso basta con seguir estos consejos sencillos...

1 EMPIEZA PRONTO

Lo hemos dicho mil veces y lo diremos alguna más: cuanto antes empieces, menos tendrás que invertir, más te aprovecharás del poder multiplicador del interés compuesto, menos riesgos tendrás que correr y más tiempo tendrás para aprender de los errores que, sin duda, vas a cometer.

2 INVIERTE SOLO DINERO QUE NO NECESITAS

A colación de lo anterior, no hay cantidad demasiado pequeña. Nunca hay que infravalorar el poder de sumar muchos pocos: cincuenta euros son suficientes para empezar tu cartera de inversión. Además, es importante invertir dinero que no vas a necesitar ni a corto ni a medio plazo, y es mejor empezar con cantidades pequeñas con las que nos atrevamos a *jugar* para ir poniendo a prueba nuestra capacidad de asumir riesgos.

3 DIVERSIFICA A MUERTE

Ya hemos visto que diversificar es nuestra mejor arma para minimizar el riesgo de nuestras inversiones, y una de las formas más fáciles de diversificar con cantidades pequeñas son los fondos de inversión. Podemos, además, diversificar invirtiendo en distintos fondos o en fondos con perfiles distintos o especialidades distintas.

4 ESCALONA TU ENTRADA

Otra de las cosas que debería habernos quedado clara es que medir el *timing* del mercado es dificilísimo. Para eso están las hordas de programadores listísimos y los genios de las matemáticas que se dedican a programar algoritmos de *trading* y otras maquinitas financieras que no nos competen.

Como nuestro objetivo es conseguir un retorno decente sin poner en peligro nuestros ahorrillos, lo que podemos hacer para minimizar el riesgo es justo lo contrario: escalonar nuestra entrada en el mercado haciendo aportaciones regulares (por ejemplo, veinte o cincuenta euros al mes), para asegurarnos de que compramos a todos los precios y así neutralizar el efecto de la volatilidad en nuestra cartera. Esto tiene un nombre de lo más pintón para que presumáis con vuestros conocidos, *dollar-cost averaging*, y es tan fácil como ir haciendo aportaciones mensuales o anuales a tu fondo de inversión o adonde quiera que hayas decidido invertir.

5 ELIGE TU NIVEL DE RIESGO

Una de las formas más fáciles de regular el nivel de riesgo de tu cartera es variar la proporción de renta fija y renta variable. Podemos hacerlo a manubrio o invirtiendo en un fondo que tenga la composición que queremos.

6 AJUSTA LA COMPOSICIÓN DE TU CARTERA EN FUNCIÓN DE TU EDAD

La composición de nuestra cartera no tiene por qué ser algo estático e inamovible. Al contrario, deberíamos ir ajustándola según evolucione nuestro perfil inversor y, sobre todo, en función de la fase de la vida en la que nos encontremos.

Cuando somos jóvenes y nos queda toda la vida por delante nos podemos permitir el lujo de arriesgar un poco más, porque tenemos el tiempo a nuestro favor. En este sentido, por debajo de los 35 años nos podríamos plantear perfectamente tener una cartera de renta variable al cien por cien.

Según vayan pasando los años y nos vayamos acercando a la edad de jubilación, conviene ir arriesgando menos y aumentando el porcentaje de inversiones conservadoras, como la renta fija. Podemos empezar con un 75 % variable y un 25 % fija, e ir migrando lentamente hacia un 50-50 %, para, cuando se acerque la jubilación, ir abandonando la renta variable paulatinamente.

Hay una formulita que puede ser útil para saber más o menos qué cantidad deberíamos tener en renta fija y variable. Se trata de restarle tu edad a 110. Si, por ejemplo, tenemos 40 años, significaría que deberíamos tener un 110 – 40 = 70 % de nuestra cartera en renta variable y un 30% en renta fija.

LA FÓRMULA MAESTRA

El porcentaje de la cartera que deberíamos tener en renta variable es 110 menos nuestra edad (110 – x años).

Veámoslo con un ejemplo: una persona que en el año 2000, con 35 años, hubiera empezado a invertir en dos fondos indexados sin complicarse mucho la vida —uno de renta variable mundial, que replica el índice MSCI World, con una comisión de gestión del 0,3 %, y otro de renta fija a largo plazo, con una comisión de gestión del 0,15 %—, si hubiera invertido 300 euros cada mes de enero (el equivalente a 25 euros al mes), ajustando cada año la proporción entre renta fija y variable de acuerdo a la «fórmula del 110», tendría ahora, 20 años después, 14.553 euros, de los cuales solo habría ahorrado 6.000; los otros 8.553 euros es la rentabilidad que habría obtenido sin despeinarse en estos 20 años invirtiendo en esos dos fondos.

Año	Edad	Inversión anual	% renta variable	% renta fija	MSCI World	Comisión	VBLTX	Comisión	Valor Cartera
2000	35	300	75 %	25 %		0,3 %		0,15 %	300 €
2001	36	300	74 %	26 %	84 %	0,3 %	117 %	0,15 %	575 €
2002	37	300	73%	27 %	81 %	0,3 %	108,17 %	0,15 %	778 €
2003	38	300	72 %	28 %	134 %	0,3 %	114,35 %	0,15 %	1.330 €
2004	39	300	71 %	29 %	115 %	0,3 %	105,50 %	0,15 %	1.844 €
2005	40	300	70 %	30 %	111 %	0,3 %	108,40 %	0,15 %	2.371 €
2006	41	300	69 %	31 %	121 %	0,3 %	105,32 %	0,15 %	3.172 €
2007	42	300	68 %	32 %	112 %	0,3 %	102,67 %	0,15 %	3.882 €
2008	43	300	67 %	33 %	58 %	0,3 %	106,59 %	0,15 %	2.773 €
2009	44	300	66 %	34 %	135 %	0,3 %	108,64 %	0,15 %	3.818 €
2010	45	300	65 %	35 %	113 %	0,3 %	101,76 %	0,15 %	4.608 €
2011	46	300	64 %	36 %	93 %	0,3 %	110,27 %	0,15 %	4.747 €
2012	47	300	63 %	37 %	116 %	0,3 %	122,05 %	0,15 %	5.858 €
2013	48	300	62 %	38 %	123 %	0,3 %	108,49 %	0,15 %	7.409 €
2014	49	300	61 %	39 %	104 %	0,3 %	90,87 %	0,15 %	8.028 €
2015	50	300	60 %	40 %	98 %	0,3 %	119,72 %	0,15 %	8.605 €
2016	51	300	59 %	41 %	108 %	0,3 %	96,53 %	0,15 %	9.414 €
2017	52	300	58 %	42 %	124 %	0,3 %	106,41 %	0,15 %	11.912 €
2018	53	300	57 %	43 %	91 %	0,3 %	110,76 %	0,15 %	11.813 €
2019	54	300	56 %	44 %	127 %	0,3 %	95,49 %	0,15 %	14.553 €

Total invertido	6.000 €
Valor total de la cartera	14.553 €

7 MINIMIZA LOS COSTES

Esto es un *must*. No solo debemos mirar con lupa todas y cada una de las comisiones que tengan nuestros productos de inversión, sino que además tenemos que procurar hacer el menor número de movimientos posibles para minimizar nuestros costes de transacción. Y, por supuesto, tener a Hacienda siempre presente y saber a qué tipo de fiscalidad están sujetas nuestras inversiones.

8 ELIGE BIEN EL PRODUCTO...

Por eso mismo, es importante elegir bien el tipo de producto en el que vamos a ahorrar o invertir a largo plazo, porque, como hemos visto, algunos nos permiten traspasar de uno a otro sin problemas y tienen ventajas fiscales que pueden ser interesantes. En este sentido, la flexibilidad que nos dan los fondos de inversión para cambiar sin tener que tributar por las plusvalías intermedias puede ser muy interesante.

9 ... PERO NO TE CASES CON NADIE

Que decidamos invertir en fondos o en lo que sea no significa que nos tengamos que casar con ninguno. Es importante revisar nuestras inversiones periódicamente y comparar con alternativas en el mercado para estar seguros de que no hay opciones mejores por ahí.

10 APRENDE DE TUS ERRORES

Que uno se equivoque una vez no significa que tenga que seguir toda la vida equivocado. Se aprende mucho más de los errores que de los aciertos, que no caigan en saco roto.

ERRORES COMUNES DEL INVERSOR PRINCIPIANTE (Y NO TANTO)

Y ya que hablamos de errores, y por si todavía no os habéis cortado las venas, vamos a repasar algunos muy comunes del inversor de andar por casa.

- **Va siempre un paso por detrás,** porque llega siempre a la fiesta de comprar cuando ya ha subido la acción y vende después de que haya bajado.
- **Empieza tarde a invertir,** porque no sabe que el largo plazo y el interés compuesto son sus mejores aliados.
- **No sabe cuánto le cuestan las cosas,** porque le daba no sé qué preguntarle al del banco qué comisiones y qué gastos tenía ese producto tan molón.
- **Cree que el pasado es representativo del futuro,** porque no sabe que las circunstancias cambian y una inversión que fue muy bien el año pasado puede ser un desastre este año.
- **Invierte en productos que no entiende,** porque su cuñado le ha dicho que se va a forrar.
- **Va buscando un pelotazo fácil,** porque no sabe cuánto tiempo y esfuerzo hay que dedicar a identificar una buena inversión.
- **No ha pensado en el fisco,** porque Hacienda somos todos, y nuestras inversiones, también.

*** QUE NO SE TE OLVIDE**

No tener en cuenta la fiscalidad de nuestras inversiones nos puede salir muy caro.

PARA NOTA

- ✓ Inviertes solo el dinero que no vas a necesitar a medio plazo y te sientes cómodo con las cantidades que inviertes.
- ✓ Conoces tu perfil inversor y no te dejas llevar por modas, cuñados sabelotodo o promesas de rentabilidades estratosféricas sin riesgo.
- ✓ Entiendes el binomio rentabilidad/riesgo de todas tus inversiones.
- ✓ Sabes exactamente qué comisiones estás pagando y qué tajada se va a llevar Hacienda de tus ganancias.
- ✓ Tienes una estrategia de inversión a largo plazo e intentas no desviarte de tus objetivos.
- ✓ Tienes una cartera de inversión diversificada acorde a tu perfil de riesgo y la vas ajustando a medida que cambian tus circunstancias.

11
Prepárate para el más allá

La primera vez que puse un océano de distancia entre mis hijas y yo, que, ahora que lo pienso, juraría que fue también la última, justo antes de irnos al aeropuerto para coger los tropecientos vuelos que habrían de llevarnos hasta California por el módico precio de varios trasbordos en sitios tan pintorescos como Carolina del Norte, tuve una visión. De repente, me vi en el *bed and breakfast* ideal en el que nos íbamos a quedar, literalmente sobre zancos, en la playa de Malibú engullida por un tsunami, sin tiempo para decir esta boca es mía, no digamos ya para despedirme de mis hijas.

Con las mismas le sisé papel de carta a mi suegro y redacté un testamento allí mismo. Luego llamé a un buen amigo y, con voz cavernaria, le comuniqué oficialmente que le nombraba albacea de mi testamento y que confiaba en que se las apañaría para asegurarse de que mis niñas no acababan debajo de un puente. Tuve suerte porque me fío ciegamente de este amigo, que estoy convencida de que fue inspector de Hacienda en una vida anterior, pero la verdad es que ponerse a redactar tus últimas voluntades es un poco como deshilar un ovillo.

Cuantas más vueltas le das, más cosas salen, y la diferencia entre dejar las cosas manga por hombro o bien apañadas puede ahorrar muchos disgustos a la gente que más quieres. Desde impuestos que se podrían haber evitado, pasando por peregrinaciones por bancos que no sabías ni que existían, hasta peleas que pueden hacer mucha mella.

Por eso, para que no digáis que no soy la alegría de todas las fiestas, no quería despedir este libro sin guardar un minuto de silencio para organizar un poco nuestro viaje al más allá.

AIREAR LOS TRAPOS SUCIOS

Antes de ponernos mustios con temas que no son agradables para nadie, parémonos un momento a contemplar una cosa que, aunque es muy tonta, puede traer muchos quebraderos de cabeza a nuestros herederos: el momento papeleo.

Para que nuestros familiares no se tengan que volver locos rebuscando por los cajones para hacer cualquier gestión, no está de más tener un papel o un documento en el ordenador con una lista de todos nuestros bancos, fondos de pensiones, cuentas de valores, participaciones en empresas, propiedades inmobiliarias, pólizas de seguros y cajas de seguridad, los nombres de usuario y las contraseñas para acceder *online*, y en el que indiquemos también dónde hemos guardado los documentos más importantes (incluido, claro está, el testamento), para evitarles a nuestros seres queridos el vía crucis de tener que ir de banco en banco para ver si teníamos cuenta ahí.

Si me habéis hecho caso y calculáis vuestro valor neto de forma periódica, es importante que dejéis la documentación relevante para todos los activos y los pasivos que lo componen.

Os parecerá obvio, pero no sabéis cuántas cuentas y valores se quedan sin reclamar cada año.

LA *TO-DO LIST*

Ya puestos, podemos además dejarles una hoja de ruta con los pasos que deben seguir en caso de que nos pase algo. A quién contactar, qué tipo de entierro o funeral queremos, si tenemos contratado un seguro de decesos o no, etcétera. Llegado este punto, os recomiendo también que, si no lo tenéis ya, contratéis un seguro de decesos. No solo porque morirse puede ser muy caro, sino porque, además, como esta gente está especializada precisamente en eso, nos pueden hacer mucho más fácil la papeleta de gestionar toda la logística funeraria.

Como la cosa va de seguros, aunque en la lista que hemos confeccionado en el apartado anterior hayamos incluido los seguros de vida, podemos tener alguna cobertura de fallecimiento que hayamos contratado sin saberlo con algún producto bancario, como una hipoteca o una tarjeta de crédito. Por eso nunca está de más indicar a nuestros herederos que consulten en el Registro de Contratos de Seguros de Cobertura de Fallecimiento, dependiente del Ministerio de Justicia, qué pólizas de este tipo tenemos vigentes para que no se dejen ninguna sin cobrar. Decidles también que soliciten nuestros datos fiscales a la Agencia Tributaria para asegurarse de que no se dejan nada sin reclamar.

Y, si de verdad tenemos aprecio por nuestros herederos, otra cosa muy útil que podemos hacer por ellos es dejar una lista de todas las cosas que van a tener que cancelar, como tarjetas de crédito, suscripciones y membresías, y los datos necesarios para hacerlo.

EL FINAL DE LA VIDA

Y, ya que estamos, no nos olvidemos de que lo de irse al más allá es un viaje que no siempre se va a desarrollar como a nosotros nos gustaría. Igual que hablamos de la posibilidad de contratar un seguro de dependencia por si nuestro viaje es largo y doloroso, deberíamos hablar con nuestros seres queridos sobre nuestras preferencias, nuestras expectativas y los recursos económicos con los que podrán contar llegado el caso de una enfermedad larga o una discapacidad grave. También deberíamos dejar constancia de si queremos donar nuestros órganos o no y cualquier otra decisión importante.

Además, hay que tener en cuenta que nuestros familiares pueden necesitar un poder para hacer gestiones en nuestro nombre y poder disponer de nuestro patrimonio para hacer frente a todos los gastos. Mejor pensar tranquilamente a quién le confiamos este dudoso honor y dejarlo todo previsto. Y hablado, aunque sea con unas copas.

ESTO *PA* TI, ESTO *PA* MÍ

Para repartir nuestros bienes, lo mejor es hacer testamento, y hacerlo relativamente pronto, sabiendo que podemos modificarlo cuando nos dé la gana y que no solo podemos repartir nuestro dinero y nuestras propiedades, sino también nuestros enseres. Además, se pueden poner vetos, designar usufructuarios, fideicomisos y albaceas, o incluir condiciones para el cobro de ciertas partes de la herencia.

También para esto, tener vuestro valor neto sobre papel os puede ayudar a hacer el reparto de una forma equitativa e informada. Tened en cuenta que, si no lo hacéis vosotros, será el

Estado quien lo haga por vosotros y que vuestra colección de dedales de porcelana puede acabar en las manos más insospechadas.

LO QUE NO SE PUEDE CONTAR

Otra cosa que no podemos obviar si tenemos hijos menores de edad es a cargo de quién queremos que se queden y quién debería ser el encargado de gestionar su patrimonio hasta que sean mayores de edad o tengan la edad que consideremos oportuna para hacerlo ellos solos. Conviene dejarlo bien claro y hablarlo de antemano con los susodichos para ponerse de acuerdo en todo. Como decía mi madre, no te fíes, que pueden acabar con quien menos te imaginas (intuyo que se refería a mi suegra).

Tampoco está de más dejar por escrito todo aquello que nos pueda parecer importante sobre la educación que queremos que reciban, los recursos con los que pueden contar para ello, etcétera.

Y ESTO PARA EL FISCO

Ya sabéis, Hacienda siempre en nuestros pensamientos. Pero es que, precisamente en las herencias, puede llevarse un pico muy gordo en según qué casos y conviene tenerlo en cuenta cuando todavía estamos a tiempo de organizarnos de otra manera, como donando en vida, utilizando los seguros de ahorro-vida o planes de pensiones que vimos en el capítulo 8, que no computan como herencia, o como sea que más nos convenga para pagar menos impuestos en vida y que nuestros herederos paguen menos a Hacienda.

EL TRUCO DEL ALMENDRUCO

Como los seguros de ahorro-vida y los planes de pensiones no forman parte de la masa hereditaria, podemos, si queremos, saltarnos la legítima y dejarle el dinero a quien nos dé la gana sin que se entere nadie.

Existe, por ejemplo, lo que se llama la *plusvalía del muerto,* que significa que, si dejamos fondos y acciones, nuestros herederos no van a pagar impuestos por las plusvalías generadas, sino solo en el impuesto de sucesiones, que, en según qué casos y qué sitios, puede estar muy bonificado. Hay que mencionar también que ahora mismo se pagan menos impuestos heredando una casa que recibiéndola en donación. Por si las moscas.

REPEAT

Como nada, ni la vida, es para siempre, lo suyo es que revisemos nuestro plan para el más allá cada cinco años para cerciorarnos de que sigue estando todo en orden, actualizar los datos y el reparto con nuestro patrimonio real, comprobar que no ha habido ningún cambio relevante en el impuesto de sucesiones que requiera que cambiemos algo y asegurarnos de que nuestras últimas voluntades siguen siendo fieles a nuestra situación y a nuestros deseos.

Y ahora sí que sí, ¡a vivir, que son dos días!

PARA NOTA

- ✓ Tienes toda la documentación y la información relevante en un documento al alcance de tus herederos, y ellos saben dónde encontrarlo.
- ✓ Les has dejado a tus seres queridos una hoja de ruta para que sepan cómo proceder el día que faltes.
- ✓ Has pensado, y comunicado, cómo te gustaría que se gestionara el final de tu vida en caso de que no puedas hacerlo tú mismo.
- ✓ Has hecho testamento y lo revisas cada cierto tiempo.
- ✓ Has estudiado las implicaciones fiscales de tu herencia para organizarla de la mejor manera posible.

En definitiva, invierte en ti

Si habéis llegado hasta aquí sin desfallecer, tomaos un chupito a mi salud. Por muy cuesta arriba que se os hayan hecho estas páginas y aunque ahora todavía os pueda parecer todo un poco farragoso, os aseguro que es un tiempo bien invertido. El mero hecho de haber dedicado unas horas a pensar y a leer sobre vuestras finanzas ya es un avance.

Y ahora que vais a salir al mundo como ciudadanos bien informados, recordad que…

1 NO SE CONQUISTÓ ROMA EN UN DÍA

Es posible que no vayáis a poner todo en práctica desde el primer momento e incluso que no lo lleguéis a hacer nunca, pero buscar el tiempo y espacio mental para ocuparos de vuestra economía es siempre un paso adelante hacia un futuro mejor. Al final, con esto, como con todo, se trata de mimarse un poco y de sacar tiempo de donde no lo hay para invertirlo en nuestro bien más preciado: nosotros mismos.

A partir de ahora, cuando penséis en cuidaros, en buscar esa hora suelta para ir al podólogo, a pilates o a un concierto de gaita, pensad también en sacar un ratito para dedicarle a ese gran olvidado, el músculo financiero, que necesita tanto ejercicio o más que los demás. Vuestro bolsillo y vuestra paz mental os lo agradecerán.

2 Y PREGUNTANDO SE LLEGA ANTES

Esto no es física cuántica ni una ciencia esotérica, y no hay ningún concepto financiero que no podáis entender si os lo explican bien. Os animo a buscar asesoramiento financiero cuando lo necesitéis, nadie nace sabiendo que es la TAE —ni falta que hace—. Pero es importante entender la diferencia entre un asesor independiente, que os cobraría por hora o un porcentaje del patrimonio gestionado y no se llevaría nada por recomendaros un producto u otro, y un asesor que va a comisión según el producto que os venda.

Por suerte o por desgracia, hay muchísimos más de esta última categoría, simple y llanamente porque es más fácil ganar dinero y a los asesores financieros también les gusta la ropa de marca. Esto no significa que un asesor comercial de un banco o una aseguradora nos quiera mal, ni que lo que nos diga no sea verdad, pero siempre es bueno saber de qué pie cojea cada uno para no llevarnos a engaño.

Además, si en algún momento necesitáis información fiable e imparcial sobre algún tema concreto, siempre podéis consultar el portal Cliente Bancario del Banco de España y las publicaciones periódicas de la Comisión Nacional del Mercado de Valores sobre educación financiera, que están ahí para velar por nuestros intereses y ayudarnos a solucionar cualquier duda que nos pueda surgir.

3 YA LO DECÍA EL ANUNCIO: BUSQUE, COMPARE Y SI ENCUENTRA ALGO MEJOR...

... Cómprelo, sí, pero solo después de haber buscado y comparado con la determinación y el ahínco de una *influencer* en unas rebajas de esterillas de yoga. Más vale dedicarle un rato a tomar una decisión que meternos en un embrollo del que luego nos pueda costar salir.

Y ya sabéis, hermosos, en esto de la economía y las finanzas, se hace camino al andar.

Es de bien nacidos...

...Sí, ya lo sé, ser agradecidos. Pero la verdad es que, antes de dar las gracias con los ojos llorosos y el corazón encogido, yo he venido aquí a señalar culpables. Y, en particular, a tres culpables cuyas artes traicioneras han hecho que me encuentre hoy poniéndole el broche final a este libro que nunca pensé escribir. Empezando por Amaya Ascunce, que me obligó a escribir sobre lo único de lo que no quería escribir: finanzas personales. Siguiendo por Hiedra —por su nombre la conoceréis—, que lleva manejando los hilos de mi vida en la sombra desde aquel fatídico «a ti lo que te pasa es que te gusta el guitarrista», y acabando, cómo no, por Marián, mundialmente conocida como Boticaria García, que se encargó de abrir las puertas que solo su varita todopoderosa podía abrir para que no me echase atrás. A las tres solo tengo una cosa que deciros: ya haremos cuentas, ya.

Dicho esto, hay gente que sí me ha ayudado, y mucho, a escribir este libro. Como todo el equipo de Planeta, liderado por Ángeles Aguilera y, sobre todo, Laura Gamundí, que me ha empujado suavecito todo el camino. Gracias también a todos a los que les he *infligido* este manuscrito en algún momento, a Óscar Arce, Javier Párrizas, Luis Carlos Pérez y Elena Montalvo por sus correcciones y su buen tino, y, muy especialmente, a Patricia Pesquera por... por todo.

Qué decir de mis padres, que han estado siempre orgullosos de mí, hasta cuando no les he dado razones; mis hijas, que tienen que convivir con esta madre desmadejada a diario, y mi marido, que aguanta mis desvaríos con un gracejo inusitado. No hace falta que os lo diga, pero gracias, yo también os quiero.

Y ya, por último, gracias a todos los que me leéis en el formato que sea. Si no, para qué.